A DIVINDADE
DOS CÃES

JENNIFER SKIFF

Autora de *Encontros com Deus*

A DIVINDADE DOS CÃES

Histórias de Milagres Inspiradas pelo Melhor Amigo do Homem

Tradução
EUCLIDES LUIZ CALLONI
CLEUSA MARGÔ WOSGRAU

Título original: *The Divinity of Dogs.*

Copyright © 2012 Jennifer Skiff.

Copyright da edição brasileira © 2014 Editora Pensamento-Cultrix Ltda.

Texto de acordo com as novas regras ortográficas da língua portuguesa.

1ª edição 2014
1ª reimpressão 2015

Todos os direitos reservados. Nenhuma parte desta obra pode ser reproduzida ou usada de qualquer forma ou por qualquer meio, eletrônico ou mecânico, inclusive fotocópias, gravações ou sistema de armazenamento em banco de dados, sem permissão por escrito, exceto nos casos de trechos curtos citados em resenhas críticas ou artigos de revistas.

A Editora Cultrix não se responsabiliza por eventuais mudanças ocorridas nos endereços convencionais ou eletrônicos citados neste livro.

Editor: Adilson Silva Ramachandra
Editora de Texto: Denise de C. Rocha Delela
Coordenação editorial: Roseli de S. Ferraz
Produção editorial: Indiara Faria Kayo
Editoração eletrônica: Join Bureau
Revisão: Liliane S. M. Cajado

Dados Internacionais de Catalogação na Publicação (CIP)
(Câmara Brasileira do Livro, SP, Brasil)

Skiff, Jennifer
    A divindade dos cães : histórias de milagres inspiradas pelo melhor amigo do homem / Jennifer Skiff ; tradução Euclides Luiz Calloni, Cleusa Margô Wosgrau. – 1. ed. – São Paulo : Cultrix, 2014.

    Título original: The divinity of dogs.
    ISBN 978-85-316-1297-8

    1. Animais de estimação 2. Cães – Anedotas 3. Milagres – Anedotas I. Título.

14- 11993 CDD-636-7

Índices para catálogo sistemático:
1. Cães : Histórias : Zootecnia   636.7

Direitos de tradução para o Brasil adquiridos com exclusividade pela
EDITORA PENSAMENTO-CULTRIX LTDA., que se reserva a
propriedade literária desta tradução.
Rua Dr. Mário Vicente, 368 — 04270-000 — São Paulo, SP
Fone: (11) 2066-9000 — Fax: (11) 2066-9008
http://www.editoracultrix.com.br
E-mail: atendimento@editoracultrix.com.br
Foi feito o depósito legal.

Para Jon,
CousCous e ChickPea
minha família feliz

Por me propiciarem um ambiente
amoroso durante dezesseis anos
e me ensinarem a ser
alegre, corajosa e humana

Todo meu amor a vocês.

Sumário

Introdução 9

AMOR: Acolhimento do presente recebido 15

CONFORTO: Consolo para a alma 41

INTUIÇÃO: Teoria da verdade 75

CURA: Recuperação do equilíbrio 111

GRATIDÃO: Reconhecimento pela acolhida 155

LEALDADE: Confiabilidade com delicadeza 201

MORTE: A "sabedoria" do saber 225

COMPAIXÃO: Compreensão com empatia 265

PERDÃO: Aceitação sem julgamento 293

Posfácio 318

Agradecimentos 323

Índice dos colaboradores 325

Créditos fotográficos 326

Sobre a autora 327

Introdução

*Divino: 1. Relativo a ou proveniente
diretamente de Deus 2. De natureza
divina 3. Adorável*

Foi difícil escrever estas páginas. Este é um livro de lembranças pessoais e também de relatos de experiências de outras pessoas. Foi um grande privilégio, para mim, documentar as aflições de muitas pessoas e a ajuda que receberam de seus cães para abrandá-las. Ao relembrar minhas próprias dificuldades, tornei-me mais humilde, às vezes me inquietei e com frequência fiquei triste, pois tive de trazer à tona momentos em que muitas almas bondosas me ajudaram a enfrentar os desafios da vida. Derramei muitas lágrimas enquanto escrevia este livro.

Acredito que a vida é uma jornada e que estamos aqui para aprender e evoluir espiritualmente. Acredito também que os cães são um presente de Deus, enviados para nos ajudar em nossa caminhada. *A Divindade dos Cães* gira em torno de momentos de convivência inspiradora com cães, narrando fatos em que o amor, a tolerância, o consolo, a compaixão, a lealdade, a alegria, e mesmo a morte, ofereceram lições de vida ditadas por experiências com cães.

Quer você acredite que os cães sejam divinos, ou um presente divino, *A Divindade dos Cães* lhe permite aceitar o que você já sabe: os cães nos dão um exemplo perfeito de tudo o que é bom. Eles são curadores, educadores, protetores e modelos palpáveis de puro amor. Para os que concordam com esse modo de pensar, este livro confirma tudo o que sabemos e conclui com um ponto de exclamação!

Ao preparar meu primeiro livro, *God Stories*[1], recebi milhares de histórias sobre a relação das pessoas com o divino. Foi então que percebi, também, que minha experiência pessoal com cães correspondia à de centenas de outras pessoas. Elas me escreviam falando de momentos muito pessoais e decisivos que mudaram a sua vida. As histórias eram profundas e comoventes – daquelas que enternecem o coração e nos fazem soluçar. Elas me abriram os olhos para os sofrimentos de meus semelhantes e infundiram em mim um sentimento de imensa gratidão por tudo o que tenho. Concluí, então, que essas histórias deveriam ser publicadas para que a divindade dos cães ficasse documentada e para que tivéssemos a nossa disposição uma coletânea de lições de vida inspiradoras. Além disso, escrever *A Divindade dos Cães* constituiu para mim uma experiência profundamente pessoal.

Os cães estiveram presentes em todos os momentos de minha vida. Na infância, quando eu sentia medo e tristeza, minha *golden retriever*, Sally, era minha força e conforto. Mais tarde, durante minha recuperação de um tumor na medula óssea, Philophal, mistura de *terrier* com *poodle*, e Nicky, um cruzamento basenji-labrador, pulavam em cima de mim até me fazer levantar da cama. A síndrome da ansiedade de separação de Nicky e o comportamento destrutivo consequente foram para mim uma lição de paciência, e a *spitz* Mary acalmou minhas tormentas interiores e me ensinou a amar. A bóxer Clara foi minha primeira amiga e o *cockapoo* Clemmie, meu primeiro resgate. ChickPea, minha *shih tzu* de um olho só, é a filha que não tive, e CousCous, o maltês-pomerânia, me acorda todas as manhãs lambendo-me, com amor e um hálito duvidoso. Às vezes, quando a tentação de desistir de tudo era grande, meu amor pelos cães me impediu de cometer o ato derradeiro.

Meus cães são a razão de eu acordar todas as manhãs com um sorriso no rosto. Eles me protegem de pessoas maldosas e me previnem com

---

[1] *Encontros com Deus*, publicado pela Editora Pensamento, 2011.

relação a possíveis parceiros. Eles são meus filhos e meus pais. Eles me amam sem reservas. Eu estou entre os milhões de pessoas que reconhecem a alma dos cães e sabem que eles são um presente de puro amor e exemplo de tudo o que é bom. Acima de tudo, eles me ensinam a ser uma pessoa melhor. Não sou a única a pensar assim. O mundo está cheio de pessoas que chegaram à mesma conclusão e se sentem felizes em nos dizer por quê.

- Scott Thornsley acreditava que sua vida havia terminado. A esposa o abandonou e ele perdeu o emprego que tinha havia dezenove anos. Achava que ninguém o amava nem queria saber dele. Então, decidiu tirar a própria vida. No instante mesmo em que estava prestes a agir, sua *rottweiler*, Emma, correu até ele, abocanhou-lhe a mão com firmeza e o arrastou até a porta da frente. Ele foi salvo pelo que aconteceu em seguida, no momento mais tenebroso de sua vida.
- Joy Peterkin perdeu a casa e seus pertences no furacão Katrina – mas conseguiu salvar sua *chihuahua*, Little Bit. Quando Joy estava conseguindo, de certa forma, normalizar sua vida, Little Bit começou a farejar insistentemente uma área de seu seio. Neste livro, descobrimos o que Little Bit sabia e que os médicos ignoravam.
- O labrador Mazie estava no corredor da morte de um abrigo para cães. Ela foi resgatada pelo programa de treinamento canino de um presídio e depois por uma entidade beneficente que trabalhava com cães de serviço. Freda Powell travava sua própria batalha com a vida. Surda e mãe de meninos gêmeos autistas, ela fazia de tudo para sobreviver à perda do filho mais velho numa tragédia devastadora. A última coisa que Freda queria era um cachorro, até que Mazie chegou e resgatou toda a família.
- Alyssa Denis acabara de entrar nos 20 anos quando recebeu o diagnóstico de lúpus eritematoso grave. Ela passou a viver trancada, confinada à cama, sozinha e com muitas dores. Segundo os médicos, não passaria dos 25 anos. Foi então que se inscreveu

num programa de cães de serviço. Neste livro, você fica sabendo como o labrador Luna lhe deu uma razão para se levantar e viver a vida que, na opinião dos médicos, ela nunca teria.

- Em 1956 e 1957, vários adolescentes em Chicago foram brutalmente assassinados por um suposto assassino em série. Gloria Wardrum tinha 19 anos e trabalhava durante o dia. A única hora de que dispunha para levar sua sempre amistosa *airedale terrier* Ginger para passear era ao anoitecer. Num desses passeios no parque, Gloria acabou adormecendo recostada numa árvore. Foi acordada de repente com o rosnado feroz de Ginger e seus puxões violentos na guia, enquanto tentava alcançar um homem que se aproximava. Caminhando, o homem brincava com uma corda, entrelaçando-a nas mãos. Com o que aconteceu em seguida, Gloria teve uma demonstração da divindade dos cães.

Milagres associados a cães foram documentados ao longo da história, sendo um dos motivos pelos quais as pessoas sempre sentiram um vínculo divino com esses amigos do homem. Milhares de anos atrás, na Mesopotâmia, território onde hoje é o Iraque, seguidores de Gula, deusa da saúde e da cura, davam ao cachorro o título "A Divindade". Os egípcios tinham deuses-cães e muitas vezes eram enterrados com esses animais, para que eles os guiassem e protegessem no outro mundo. Os povos aborígines de todos os continentes relacionavam os cães com lugares sagrados. Tribos, religiões e sociedades, através dos tempos, consideraram o cachorro um deus. O que chama a atenção é que, antes mesmo da existência de meios de comunicação de longa distância, as pessoas em diferentes partes do mundo nutriam os mesmos sentimentos com relação aos cães.

Jesus Cristo, uma das pessoas mais influentes da História, pedia às pessoas que se esforçassem para cultivar certas qualidades de caráter que são típicas dos cães: alegria, generosidade, amor, sensibilidade, compaixão, tolerância, contentamento, perdão, lealdade, paciência, gratidão, entusiasmo e confiabilidade. Você conhece em sua família alguém que possua essas qualidades e as pratique o tempo todo? Na minha casa (é difícil admitir, mas é verdade), o único amor altruísta é o amor que os cães oferecem. Recentemente, dividida entre ficar com meu marido na Austrália ou correr para junto de minha cachorrinha moribunda Cous-Cous nos Estados Unidos, os ânimos se inflamaram. Virei para meu marido e disse: "Eu amo CousCous mais do que amo você. Ela é minha garotinha. O seu amor tem condições. O amor dela, não." Ele sorriu, mas logo começou a rir. Que grande homem! Peguei o primeiro avião. CousCous sobreviveu!

Como um cachorro pode possuir todos os traços de caráter que nós nos esforçamos por adquirir, mas que dificilmente conseguimos? A natureza dos cães contém algo de divino ou eles são realmente presentes de Deus? As histórias narradas neste livro oferecem algumas respostas a essas perguntas.

Atualmente, pesquisas médicas confirmam que, entre os donos de cães, o nível de estresse é mais reduzido, a pressão arterial é mais baixa, as doenças cardíacas são menos frequentes e os índices de depressão são menores do que entre as pessoas que não têm cães. Hoje temos cães terapeutas que visitam hospitais e clínicas de repouso, cães-guias que protegem, cães farejadores que resgatam, cães policiais que ajudam na manutenção da ordem e da segurança públicas e cães que, segundo os médicos, promovem a cura de uma criança doente quando a medicina e outras áreas não alcançam esse objetivo.

Entre os milhares de pessoas beneficiadas, eu sou uma das que receberam a dádiva da cura emocional oferecida por um cão. Quando eu tinha 7 anos, uma *retriever* chamada Sally era minha melhor amiga, confidente e companheira inseparável. Ela me observava entusiasmada quando eu dançava e cantava ao som dos discos de David Cassidy, da *Família Dó-Ré--Mi*, e pulava de alegria quando passeávamos pelo litoral rochoso do Maine. Vivíamos felizes. Alguns anos mais tarde, meus pais se separaram e fui morar com um padrasto cruel e desumano. Meu mundo desabou, pois passei a ser uma vítima e a ter uma existência de medo permanente. Minha única amiga era Sally. Eu estava proibida de dormir com ela, mas sempre que possível esgueirava-me até o canil e deitava com ela sobre o chão de concreto, o único lugar onde eu encontrava afeto, amor e segurança.

Muitas pessoas têm histórias semelhantes. O conforto que recebemos dos cães é como um cobertor quentinho de amor que nos envolve, sejam quais forem as preocupações que nos afligem. Este livro é um pequeno vislumbre da vida de algumas pessoas que foram profundamente tocadas por seus cães.

Muitos cães que aqui figuram são resgatados. Significa que foram perdidos, rejeitados, abandonados, apreendidos por serem vítimas de atos cruéis, e acabaram num abrigo. Muitos tinham hora marcada para morrer e foram salvos no último minuto. Pedi aos colaboradores deste livro que, ao final do depoimento, indicassem uma entidade protetora para que você possa conhecer o belo trabalho que muitas pessoas desenvolvem em todo o mundo para ajudar os que não têm voz. Em sua grande maioria, os cães que fazem parte deste livro procedem de entidades beneficentes. Se você mergulhar em cada história e absorver sua mensagem, prometo-lhe que as nuvens que encobrem o seu céu se dissiparão diante da percepção do quanto você tem e de como é simples viver a vida com satisfação.

Quanto mais contemplamos as estrelas e descobrimos que existem outras realidades além da vida na Terra, a divindade dos cães se revela igualmente profunda e inexplicável. Os cães podem ser a demonstração mais pura de amor divino numa alma terrena que muitas pessoas talvez possam testemunhar. Se nos deixarmos guiar por eles, abrirmos o nosso coração e acolhermos o seu amor, poderemos cumprir nossa jornada de modo muito mais pleno e iluminado.

Amor

Acolhimento do presente recebido

Bookie e Jennifer

Pouco depois de começar a buscar histórias para este livro, recebi um e-mail do diretor do Centro Israelense de Cães-Guias para Cegos. Ele me perguntou se eu conhecia a palavra hebraica para cachorro e o que ela significava. Eu não sabia. Ele então esclareceu que o nome para cachorro em hebraico é *Kel-lev* e que significa "cheio de coração".

Essa foi uma revelação. Foi como se alguém tivesse me dado a chave perdida de meu cofre pessoal, o lugar onde eu escondia as minhas opiniões sobre cães, com medo de ser criticada por tê-las.

Essa antiga tradução me sugeria que as pessoas já compreendiam a dádiva dos cães havia mais de 3 mil anos. Milhões de pessoas antes de nós haviam entendido que um cachorro é cheio de coração, o órgão que nos mantém e que associamos ao amor.

Para mim, essa percepção começou quando eu ainda era bebê, com uma bóxer de nome Clara, que eu chamava Bookie. Sou a mais velha de seis filhos, e, nos dois primeiros anos de minha vida, fui filha única. Mas eu não estava sozinha. Muitas fotografias minhas dessa época mostram a cabeça de um nenê bochechudo encostada na cara de uma bóxer de cor acastanhada, com orelhas pontudas e focinho preto.

Não tenho muito a dizer sobre minha vida com Bookie, apenas que éramos inseparáveis e que ela morreu quando eu tinha 7 anos. O que posso dizer com absoluta certeza é que sempre senti falta dela.

Trinta e três anos depois da morte de Bookie, meu pai entrou em minha cozinha para o café da manhã acenando com um vídeo. Ele disse que havia encontrado no sótão um antigo carretel de filme em preto e branco e o copiara em teipe para meu aniversário de 40 anos.

Ao me sentar com meu pai, eu mal conseguia conter a emoção. Meus pais estavam divorciados havia quase trinta anos. Eu lembrava pouca coisa de minha primeira infância em Hyannis, Massachusetts. As lembranças que guardava de minha mãe e da vida dela com meu pai me deixavam chateada. Ela sempre me dera a impressão de que, para ela, houvera um "tempo" para ficar casada e que existira pouco amor durante os anos que permaneceram juntos.

Liguei o vídeo; em poucos minutos as lágrimas começaram a correr. Era inverno. Duas pessoas jovens atiravam-se bolas de neve. Elas se divertiam e eram carinhosas uma com a outra. Também riam muito. Um bebê enrolado em cobertas aninhava-se num disco de plástico próprio para deslizar na neve. O bebê era empurrado ao longo de um banco de neve e o seu cachorrinho o acompanhava correndo ao lado.

As estações passaram, e era verão. Piquenique na praia. A criança agora estava sentada sobre uma manta, com seu cãozinho, um recostado no outro, ambos sorrindo. Alguém jogou uma vareta; o cachorro correu atrás dela, entrou na água, pegou-a com os dentes e a levou de volta para a criança, que se divertia e ria muito. Os pais estavam visivelmente felizes com o que faziam e um com o outro.

Houvera amor entre eles então – e muito. Houve um tempo, sim, em que meus pais tiveram verdadeira adoração um pelo outro e por mim. E eu também havia conhecido a presença do divino num cão cujo amor puro chegara sem condições e que levei em meu coração durante toda a minha vida. Bookie infundiu em mim uma lição importante: muitas vezes o amor entre as pessoas passa por mudanças e termina, mas se pode sempre contar com o amor inabalável de um cão.

Bookie marcou o início de minha jornada com cães.

"Eu não tinha motivos para viver"

Scott Thornsley

Era manhã de Natal de 1995. Minha mulher me deixara em agosto e, duas semanas depois, perdi o emprego que tivera por dezenove anos. Eu estava sozinho, sem ninguém a quem recorrer. Pior de tudo, ninguém precisava mais de mim – nem a empresa onde eu trabalhava nem a mulher que eu amava.

Eu havia concluído o doutorado por essa época e esperava ansiosamente desfrutar o sucesso que o acompanharia. Em vez disso, a procura de um novo emprego se mostrou inútil. Por causa do meu novo título, eu não conseguia nem mesmo o trabalho mais humilde. As pessoas diziam que eu era culto demais. Sentia-me um fracasso total e não tinha motivos para viver.

Pensei longa e exaustivamente e cheguei à conclusão de que não valia a pena viver. Então decidi me suicidar.

Chegado o momento e definido o método, eu estava prestes a aplicá-lo. Naquele instante decisivo, minha *rottweiler*, Emma, de 4 anos de idade, entrou correndo no escritório. Ela estava com a guia na boca, o que não era incomum. Incomum foi o que fez em seguida. Ela abocanhou a minha mão com firmeza e me puxou com força até a porta da frente, arrancando-me e afastando-me da cadeira. Ela nunca havia feito isso antes.

Nevava muito na ocasião, dificultando até mesmo um passeio curto. Mas Emma continuou me puxando. Resolvi então levá-la a um último passeio.

Uma vez na rua, ela não me deixava voltar, continuando sempre à minha frente, conduzindo-me pelo bairro, passando por quadras de esportes escolares. Emma andava a esmo, sem direção, não me dando a opção de voltar. Passaram-se algumas horas, tempo suficiente para que minha mente desanuviasse e eu me desse conta de que minha vida não acabara. Eu tinha muito o que agradecer, e alguém precisava realmente de mim – mesmo que fosse uma *rottweiler* chamada Emma. Não tenho a menor dúvida de que, naquele dia, Emma salvou minha vida.

Nos momentos mais tenebrosos, um cão pode nos mostrar que vale a pena viver.

Emma & Scott

North East Rottweiler Rescue & Referral
rottrescue.org

"A secreta magia confiada aos cães"

Camille Boisvert

A crueldade do mundo pode facilmente extinguir a capacidade de amar das pessoas. Como um elástico gasto, um coração endurecido parece difícil de ser sensibilizado e remodelado. Uma alma ressentida não consegue acreditar num gesto bondoso nem numa promessa sincera. No mundo inteiro, as pessoas vivem as circunstâncias do dia a dia – situações boas, más e péssimas – com uma atitude consciente de derrota. Muitas não fazem a menor ideia da secreta magia confiada aos cães.

Esta é a história de Molly B, uma labrador *retriever* chocolate de olhos dourados. É também a minha história, do tempo em que eu era uma mulher de 39 anos e tinha um coração fechado.

Nós nos encontramos num dia de muita neve, pouco antes do Natal de 1994. Como presente para minha companheira de vida, Denise, fomos a um criador de cães e compramos o filhote de labrador mais rechonchudo e fofo da ninhada. Denise já conhecia o segredo que envolve os cães, um segredo que se revela através da experiência, e sempre teve pelo menos um cachorro. De minha parte, eu pouco sabia sobre cães e, para dizer a verdade, irritava-me facilmente com eles. Concordei em termos um cachorro para ver Denise feliz, porque eu a amava.

Podemos dividir o amor em duas categorias: diligente e displicente. O amor diligente mantém a pessoa amada resguardada, de modo que apenas pequenas doses de dor e decepção vazem para seu coração e para sua alma. Ele é sensível e responsável. O amor displicente é temerário e pode causar sofrimentos insuportáveis.

Molly latiu tanto durante a primeira noite que cedemos e a deixamos dormir na nossa cama. Algumas noites depois, acordamos com um gemido estranho. A mandíbula de Molly estava rígida e as pernas e patas, esticadas. O corpo estava todo tenso.

O veterinário diagnosticou epilepsia e nos preveniu que Molly teria crises periódicas pelo resto da vida. Ele podia prever que algum dia ela teria de tomar remédio diariamente para controlar as crises, mas que no primeiro ano, ou pouco mais, ela podia viver sem medicamentos. Recomendou que observássemos Molly com atenção para prevenir quedas de escadas ou a ocorrência de lesões durante as convulsões. Foi então que comecei a me preocupar realmente com o bem-estar da nossa cachorrinha.

Todas as manhãs, antes de iniciar as atividades do dia, eu lia o jornal e tomava café durante meia hora no terraço. Certa manhã, Molly se aproximou e deitou perto de mim com o focinho apoiado nos meus pés. Ela só se mexeu quando eu me levantei. Foi maravilhoso, e eu me senti especial, mas não fiquei pensando muito no assunto. No dia seguinte, ela agiu do mesmo modo, e todos os dias daí em diante.

Para minha surpresa, Denise comentou comigo que Molly se afeiçoara a mim. De algum modo esse pequeno filhote se aproximara de mim sem que eu fosse capaz de controlá-lo. Esse gesto fazia sentir-me importante e necessária para a vida da pequena cadelinha, e também responsável por mantê-la segura e feliz. Eu queria cuidar de Molly cada vez mais, protegê-la dos perigos e mantê-la feliz brincando com a bola e levando-a a passear. Os laços entre nós se estreitavam mais a cada dia, o que às vezes me fazia hesitar. Mas o amor que eu sentia por ela era muito grande para acabar.

Cada detalhe era uma novidade para Molly. Vê-la crescer e desenvolver-se era uma alegria imensa para mim. As crises continuaram, e eu estava sempre pronta para atender a nossa cachorrinha doente. Quanto maior a frequência das crises, mais atenção eu dedicava a seu bem-estar, sem restringir a porção de amor que eu recebia ou dava.

Nós alimentávamos a esperança de que as crises não aumentariam e que não teríamos de medicar Molly. Mas uma noite, já adulta, Molly teve um acesso que não cedia. Tivemos que levá-la às pressas para a emergência. Durante todo o trajeto, ela ficou rígida, ganindo e gemendo, com as patas esticadas. O veterinário administrou-lhe uma pequena dose de Valium e a crise passou. Mas nessa noite tudo mudou.

Pequenos e grandes dramas sucedem-se na vida de todos nós todos os dias. Às vezes os enfrentamos sem maiores dificuldades; outras vezes, sucumbimos. Esses são momentos para refletir sobre o que está realmente acontecendo e lembrar que nossa reação geralmente afeta as pessoas a nossa volta ou, neste caso, nossa Molly. Minha tendência era só pensar em como o mundo me afetava, esquecendo-me das pessoas a meu redor. Os dramas se avolumavam e às vezes eu agia irracionalmente. Mas isso era diferente. Toda minha preocupação concentrava-se na saúde de Molly.

O veterinário receitou fenobarbital, que Molly teria de tomar todos os dias pelo resto da vida, o que acabaria acarretando falência hepática. Esse era um fato inevitável e definitivo.

Na manhã seguinte, começamos a colocar o comprimido na comida de Molly. Isso passou a ser rotina, um lembrete diário de que Molly teria vida curta. Outras crises ocorreram, mas nada que ameaçasse sua vida. Na medida do possível, eu cuidava para que ela não se machucasse e percebi que, à medida que me preocupava, sentia em mim um amor incondicional por ela. Esse era um sentimento novo e estranho para mim, que eu precisava levar em consideração. Acredite você ou não, reservei um bom tempo para refletir e tomar a decisão de que eu me permitiria dar amor incondicional e receber esse amor desse feixe robusto e agitado de músculos, pelos e dentes, de 35 quilos. Por quê? Por que cargas-d'água "um cachorro, apenas" seria quem finalmente me possibilitaria livrar-me desse medo absurdo de amar? O motivo é que era impossível para Molly dar um amor condicional. Quanto mais amor eu lhe dava, mais amor eu recebia. Simples assim.

Por fim, depois de dez maravilhosos anos de convivência, Molly adoeceu em consequência da medicação. Várias foram as ocasiões em que tivemos de correr para a emergência. Um dia, porém, percebi que sua cauda acastanhada adquiria uma cor amarelada, sinal de que a hora estava próxima. Esse foi o momento mais sofrido de minha vida, quando precisei tomar a decisão de deixá-la partir. Levar Molly até o veterinário, vê-la recebendo a eutanásia e segurá-la nos braços enquanto morria foi como jogar o inocente no abismo porque Deus dizia que era o que devia ser feito.

Ao chegar em casa depois de deixar Molly para ser cremada, fui passear sozinha no bosque. Tirar a vida, de qualquer forma que fosse, era inaceitável para mim. Esse processo de separação de um animal de estimação amado era um ultraje tão grande a minha própria filosofia que me senti transportada para um universo alternativo onde amor e perda eram trepadeiras que se entrelaçavam e enroscavam em cada um de meus ossos e veias. As trepadeiras comprimiam cada vez mais e minha respiração se tornava irregular à medida que as lágrimas corriam pelas minhas faces e eram absorvidas pela roupa. Uma força irrompeu de minhas entranhas e jorrou estridente de minha boca. Um grito de dor irreprimível explodiu, e eu o sustentei até quase sufocar. Então me sentei e chorei convulsivamente. Era a manifestação de uma tristeza intensa e profunda, o monstro que eu temia antes de ter aprendido a amar.

Ali naquele bosque encarei o sofrimento e encarei o amor – as trepadeiras entrançadas da vida. Pensei na vida sem Molly, na vida sem amor incondicional, e tomei uma decisão. O legado de Molly para mim seria viver minha vida com a coragem de amar.

A secreta magia confiada aos cães é que eles lhe mostram como amar. Tudo o que você precisa fazer é dar amor incondicional a eles. Se puder fazer isso, você aprenderá a amar o mundo a seu redor – e não se preocupe se ele amar você em retribuição. Saiba apenas que, se uma cascata de amor jorrar de você, todas as criaturas que passarem por ela irão se deter um momento, por breve que seja, para se recuperar da crueldade do mundo.

Molly B

Best Friends Animal Society
bestfriends.org

Cooper

Roxy Reading Therapy Dogs
roxyreading.org

"Meu marido e eu não conseguimos ter filhos"

Connie Bandy

Meu marido e eu não conseguimos ter filhos. Depois de uma fertilização *in vitro*, dois abortos e um processo de adoção interrompido, concluímos que seria difícil realizar o sonho da paternidade. Por isso adotamos um pequeno *shih tzu* chamado Cooper, até planejar o próximo passo a ser dado.

Cooper foi uma bênção! Sendo naturalmente bonitinho e fofinho, ele logo criou laços de amizade com as crianças da vizinhança. Seu sucesso era tanto, que os meninos nos procuravam para perguntar se Cooper podia brincar com eles. Claro, Cooper acabou sendo chamado de o "cãozinho do bairro", e então compreendi que ele tinha a capacidade peculiar de se relacionar com crianças.

Inscrevi Cooper em vários programas educativos, e ele se tornou um cão terapeuta certificado. Foi nessas sessões de treinamento que conheci uma mulher chamada Diane Smith e seu programa de leitura denominado Roxy Reading. Diane iniciou o programa depois de descobrir que as crianças melhoravam significativamente suas habilidades de leitura quando liam em voz alta para o cachorrinho dela, Roxy. Os professores apoiaram o programa ao observarem seus efeitos, percebendo avanços importantes nas crianças já na primeira tentativa. Crianças introvertidas e tímidas se soltavam ao ler para Roxy. No mesmo instante em que conheci o programa, convenci-me de que Cooper e eu nos encaixávamos perfeitamente nele.

Meu maior espanto aconteceu depois de uma sessão de Roxy Reading. Eu ainda estava muito nervosa e deprimida por não conseguir engravidar. Cooper e eu fomos visitar uma turma de alunos de terceiro ano, todos entre 7 e 8 anos. Sentadas em círculo, as crianças se revezavam na leitura para Cooper, e cada uma podia afagar e receber beijos de Cooper enquanto lia. Observei que os alunos melhoravam a leitura pelo simples fato de ler para ele. Eu adorei ver esse progresso, as crianças adoraram ler e Cooper adorou estar lá.

Terminada a sessão, entrei no carro sentindo-me muito bem e feliz com a experiência. Lembrei a satisfação e os risos das crianças com o comportamento de Cooper. Olhei para ele, sentado no banco do passageiro, e senti uma grande alegria e um imenso amor por meu cachorrinho.

Percebi naquele momento que eu não precisava ter meu próprio filho para exercer um papel significativo na vida de uma criança. Juntos, Cooper e eu, estávamos cumprindo esse papel na vida de várias crianças. Estávamos ajudando alunos a aprender a ler e promovendo o amor pela leitura para a vida toda.

Hoje estou em paz comigo mesma. Cooper é realmente um anjo em forma de cãozinho. Por causa dele, vivo rodeada de crianças o tempo inteiro.

Deus trabalha de modos misteriosos. Com a ajuda de Cooper, aprendi que as decepções abrem caminho para que outras dimensões de amor e crescimento entrem em nossa vida.

"Sim, sim, você o amava muito"

Jeremy Ashton

Aos quarenta e poucos anos, comecei a reviver as emoções dolorosas, até então anestesiadas, de uma infância perdida, e me senti impelido a voltar à Inglaterra, onde eu vivera até os 10 anos de idade. Eu não alimentava nenhuma expectativa de que essa peregrinação despertasse lembranças felizes. Senti-me particularmente estimulado a visitar a velha casa da fazenda onde as circunstâncias haviam obrigado minha família a viver durante a II Guerra Mundial.

Meu pai fora um contestador assumido, que se recusara a participar da guerra. Ele e minha mãe eram artistas, *hippies* daquela época, com ideias e alternativas avançadas muito antes que estas se popularizassem. Meu pai era um rebelde político. Como ele se negou a participar da guerra, a lei britânica o obrigou a trabalhar numa fazenda por um salário irrisório.

Logo depois de meu nascimento, com a guerra quase terminando, meu pai deixou a Inglaterra e foi à procura de trabalho na África, onde morreu num horrível acidente.

Minha mãe, sozinha, teve de cuidar de três filhos. A vida ficou muito difícil. Meu irmão mais velho descarregava toda sua raiva em mim. Minha mãe, que já tinha dificuldades em demonstrar afeto, se distanciou ainda mais e acabou me abandonando. Durante vários anos morei feliz com um casal alemão que gostava de mim, até que minha mãe voltou e me obrigou a ir com ela. Nessa época, ela já estava novamente casada, cuidando de uma família com problemas terríveis. O mal ali se instalara e os abusos eram frequentes.

Haviam-se passado décadas, e eu retornei para a fazenda em Salcott, Essex. Surpreendentemente, o médico que lá morava na época era hospitaleiro.

– Fique o tempo que quiser; percorra os cômodos e passeie pelos arredores – ele disse.

O interior da residência reavivou as minhas lembranças mais antigas. Era real, e era sombrio.

Andei pelo terreno e fiquei observando a paisagem. A fazenda está num local incomum, onde a região baixa de Essex quase entra no mar, com diques e barreiras como na Holanda. Ali eu consegui respirar, e andei pelos arredores com o pequeno cachorro do médico abrindo caminho. Ele era de uma daquelas raças pequenas e alegres que somos levados a chamar de "cachorrinhos". Ele me levou até a antiga barreira no mar, o lugar que costumávamos chamar de "dique", onde pude rever o mar aberto. Fiquei contemplando todo o espaço a minha volta enquanto ele farejava o ar puro e suave que nos envolvia. Ele me mostrou que, sim, houvera alguma luz e vida mesmo naquela infância sombria.

Alguns dias depois, eu estava em outra região da Inglaterra, visitando meus pais alemães, Elizabeth e Walter. Contei-lhes a visita à fazenda e começamos a conversar sobre o passado. Eles haviam estado lá e conhecido meus pais. Elizabeth falou da casa da fazenda como se lembrava, e em seguida disse:

– E havia também o seu querido cachorrinho.

Eu interrompi.

– Não me lembro de nenhum cachorro.

– Sim, sim, e você o amava muito. Você o chamava Shrimp e andava com ele por toda parte.

E então ela descreveu Shrimp. Se não era o mesmo cachorrinho que eu encontrara alguns dias antes, ele era parecido o suficiente para mexer comigo interiormente. De um modo que dispensa palavras, compreendi que alguém me fizera companhia durante um dos períodos mais negros da minha vida.

Quando penso em Shrimp agora, sinto a ajuda inexplicável recebida em meio a tempos impossíveis. Hoje posso chamar isso de Deus, mas naquela época não era nada a que eu pudesse dar um nome. Shrimp era a prova de que Deus estava lá para me amparar na primeira infância, junto com a luz do dia, com o ar fresco e com o mar.

Minha vida mudou depois dessa experiência. Eu me abri para as muitas formas como Deus pode se fazer presente e promover a cura emocional.

The Humane Society of the United States
humanesociety.org

"Eu não estava mais sozinha"

Amy Browne

Depois de um ano de solidão após um divórcio, resolvi fazer uma viagem pelo interior do país com dois amigos. Viajaríamos do Maine até Idaho, onde nos juntaríamos a um grupo de ambientalistas que estava se formando para protestar contra o desmatamento comercial de uma das maiores áreas de terras inexploradas remanescentes nos Estados Unidos. Quando chegássemos lá, acamparíamos nas montanhas durante uma semana. Ao longo do percurso, dormiríamos onde pudéssemos.

Na manhã seguinte à noite de São João, chegamos a uma área de descanso perto de Delphos, Ohio. No estacionamento, um pequeno *poodle* adamascado corria ao lado dos caminhões que partiam, prenúncio claro de acidente. Um de meus amigos pegou o cachorro e começou a procurar o dono. Ele passou pelos muitos carros e caminhões estacionados, tentando descobrir de onde o cãozinho havia fugido, mas sem resultado. Além disso, ele não tinha coleira. Os funcionários do lugar disseram que podiam chamar o resgate de animais, mas não podiam mantê-lo em segurança no local. Também disseram que não sabiam se alguém atenderia à chamada. Estávamos diante de um dilema. Por isso, deixamos o número do nosso telefone num bilhete que dizia: "Estamos levando seu cachorro para Idaho. Estaremos de volta dentro de uma semana."

Amy e Puck

Bangor Humane Society
bangorhumane.org

Demos ao cãozinho o nome Puck, inspirado na criatura esperta e travessa, com aparência de duende, que faz parte da comédia de Shakespeare, *Sonho de uma noite de verão*. Ele rapidamente fez por merecer o nome. Assim que chegamos às montanhas de Idaho, ele se tornou o "*poodle* do deserto". Passou os primeiros dias atento às cascavéis, sobrevivendo a uma caminhada no deserto que acabou sendo muito mais longa do que o esperado, enfrentando corajosamente temporais assustadores e cruzando sem medo pontes feitas com troncos sobre correntezas revoltas. Quanto mais gravetos e folhas se embaraçavam no seu pelo, mais feliz ele parecia. Compramos ração, mas ele preferia comer o que comíamos, o que incluía muito pão frito.

Certa noite nas montanhas Rochosas, conheci a grande dedicação de meu amiguinho. Eu dormia sob as estrelas, afastada de outros acampados. Puck ficou acordado a noite inteira montando guarda. Ele resmungou e rosnou várias vezes, parecendo espantar criaturas irreconhecíveis da noite. O pequeno companheiro estava disposto a pôr seu corpo de 7 quilos em risco para me proteger. Foi então que me dei conta de que eu faria o mesmo por ele.

Ninguém apareceu à procura de Puck em Ohio. Nosso novo amigo nos acompanhou durante toda a travessia do país.

Quando chegamos ao Maine e deixei meu último passageiro, uma sensação de vazio me invadiu enquanto me preparava para voltar para minha casa vazia. Olhei então para o banco do passageiro e compreendi que não estava mais sozinha.

Eu finalmente me abrira para acolher novamente, e o que eu precisava aparecera como num passe de mágica. Eu tinha devoção na forma de um *poodle* que amava o deserto e a mim.

"Um coração de amor"

Renee Gutzmann

Meu marido, Fred, e eu estávamos em Baja, México, alojados numa pequena cabana, quando fomos acordados às 3 da madrugada por uma pancada estranha na porta. Fiquei muito nervosa, pois nos haviam advertido sobre a existência de ladrões na região. Fred abriu cautelosamente a porta, e a seus pés estava um cachorro, abanando o rabo. Fred fechou a porta, mas a batida recomeçou.

Depois de uma rápida conversa, abrimos a porta e deixamos o cachorro entrar. Ele era acastanhado, com cauda longa e olhos negros. Também estava bem magro.

Fomos à geladeira, pegamos alguns restos e demos a ele. Depois de comer, ele fez algo muito estranho: ele realmente sorriu. Em seguida nos lambeu, recostou-se rapidamente em nós e saiu pela porta abanando o rabo.

Na manhã seguinte, deixamos algumas roupas na praia e fomos de bote inflável até um recife próximo para mergulhar com *snorkel*. Olhando para trás, vimos o mesmo cachorro da visita da madrugada sentado perto de nossas coisas. Quando voltamos, duas horas mais tarde, ele continuava lá.

Ao sairmos da água, ele começou a abanar o rabo e a farejar algum objeto na areia, fazendo com que eu me aproximasse dele. O que vi foi uma pedra, uma pedra em forma de coração, branca, polida, perfeitamente lapidada.

O momento foi misteriosamente extraordinário. O cachorro olhou para Fred e para mim, boquiabertos. Foi como se algo divino estivesse acontecendo.

– Como ele pode ter feito isso? Como ele conseguiu essa pedra? – Fred ficou perguntando. Eu não tinha resposta. Peguei a pedra e, depois de muitos beijos e afagos, o cachorro seguiu seu caminho pela praia. Nunca mais o vimos.

O cachorro nos deu um presente, um coração de amor, em resposta a um simples ato de bondade. Ele nos amava e estava agradecido. Com aquele amigo raro que encontramos, aprendi a amar a tudo e a todos sem precisar de nenhum motivo.

Companion Animal Placement Assistance
lompoccapa.com

"Ela estava totalmente submersa"

Jeanne Bowen

Depois de assistir durante vários dias aos noticiários desoladores após a passagem do furacão Katrina, decidi juntar-me à equipe de socorro da Sociedade Humanitária dos Estados Unidos. Fui designada para trabalhar num abrigo temporário para animais em Hattiesburg, Mississippi. O primeiro cachorro com que me deparei, uma fêmea, era o mais triste, descarnado e sem reação que eu jamais vira. Ela era da raça *treeing walker coonhound*, grande e tricolor. Senti uma enorme empatia por ela e chorei, incapaz de imaginar o que sua alma sensível devia ter suportado. Eu soube naquele momento que ela poderia ter uma vida bela com minha família, e dei-lhe o nome de Bella.

Passados vários meses, e sem que seus donos fossem encontrados, levei Bella para casa e a apresentei a Cricket, minha *corgi galesa* de cor marrom-avermelhada. Bella sabia que estava no território de Cricket e se adaptou. Cricket precisou de mais tempo para se ajustar à nova companhia.

Apesar da hesitação de Cricket, Bella logo se tornou sua protetora. Uma noite, quando eu passeava com as duas no bosque, um lince surgiu do nada e ameaçou atacar Cricket. Bella investiu contra ele, obrigando-o a recuar e fugir.

Um ano depois, Cricket caiu de uma mesa, machucou gravemente a espinha e ficou imobilizada. Nós adaptamos rodinhas e, à medida que ela aprendia a viver com essa mudança drástica em sua vida, Bella se dedicava a ela ainda mais. Ela era uma cadela tranquila e acolhedora e sempre cuidava de Cricket com muita devoção.

Em março de 2010, Bella morreu. Cricket entrou em depressão profunda.

Seis meses se passaram. Era um belo dia de verão, e eu resolvi trabalhar um pouco no jardim. Havia ali uma fonte alimentada por uma nascente, um prado de tremoço e jardins de pedra que dão para o mar. Centenas de pássaros e de outros animais se reúnem em torno da fonte e Cricket adora explorar esse espaço à procura de rãs. Enquanto eu trabalhava, Cricket observava os bichinhos perto da fonte.

De vez em quando, eu parava para ver se tudo estava bem com ela. Ela continuava sempre no mesmo lugar, a um ou dois metros longe da água. Continuando com minha tarefa, precisei ir rapidamente ao depósito de compostagem que ficava ao lado da casa. Voltei imaginando que Cricket estaria onde eu a vira pela última vez. Alguns minutos depois, com a intenção de levá-la para dentro, encaminhei-me na direção dela, mas não a vi. Ao chamá-la, não recebi resposta. Corri então para a fonte e olhei com atenção. Ela estava totalmente submersa na água, imóvel.

Peguei a parte traseira do carrinho e puxei Cricket para fora, de cabeça para baixo, sacudindo-a. Vi que ela estava viva porque ela olhou para mim, mas não se mexia. Corri com ela para casa e a mergulhei em água quente. Quando ela começou a se mexer, constatei que ela estava com hipotermia, pois não parava de tremer. Depois do banho, enquanto eu a secava com o secador de cabelo, ela olhava a sua direita. Cheguei a lhe dizer que não havia ninguém lá, mas mesmo assim ela continuava olhando para alguma coisa. Durante toda a noite, apoiada sobre as patas dianteiras, ela ficou olhando para alguma coisa que eu não conseguia ver.

De manhã, caminhando pela casa, vi um rápido movimento fora da janela. Era como uma formação de energia passando rapidamente. Naquele momento, eu soube que era Bella e que seu espírito havia impedido Cricket de se afogar.

Aprendi algumas lições muito importantes aquele dia: a vida pode mudar num único instante; nunca tomar alguma coisa como certa e definitiva; nunca deixar Cricket sozinha e, mais importante de tudo, espíritos não morrem.

Bella & Cricket

Homewoods Rescue for the Wayward Hound
homewoodsrescue.com

Conforto

Consolo para a alma

Alguns anos atrás, eu estava de visita a minha grande amiga e autora de livros de culinária, Elisabeth Luard, em sua isolada casa de campo do século XIV, em Gales. Os contrafortes ondulados das montanhas eram verde-esmeralda, esplendorosos. Ovelhas se espalhavam até onde a vista alcançava, todas envoltas por uma névoa úmida. Era verão, mas não se podia saber, a não ser, claro, que se fosse nativo do País de Gales. A atmosfera estava cinzenta, com a presença persistente de uma neblina penetrante, de congelar os ossos. Ou, como diríamos no Maine, triste de chorar.

Depois de passar a tarde colhendo cogumelos na mata, recolhemo-nos à cozinha, onde Elisabeth começou a preparar o jantar e eu a me queixar do frio. Elisabeth, britânica que é, me fez uma xícara de chá quente e acrescentou uma dose generosa de uísque Glenfiddich 30 (anos de envelhecimento).

– Beba tudo – ela disse. Obedeci prontamente, comentando que preferia uma dose de uísque puro à versão aguada que ela me oferecia. Para me agradar, ela acendeu a lareira na sala de estar, mas o calor, como uma presença fantasmagórica, teimava em se restringir à sala, recusando-se a aquecer os demais cômodos. Procurei aconchegar-me a uma gata caçadora de ratos, que só demonstrava interesse por mim se eu lhe oferecesse nata num pires. Por fim, retirei-me para um quarto no andar de cima, que Elisabeth teve a gentileza de me dizer que era assombrado. Ela me enfiou na cama com um único lenitivo, uma bolsa de água quente.

Ao fechar os olhos aquela noite, ouvidos atentos ao som de correntes sendo arrastadas, percebi como aquela simples bolsa de água quente me fazia sentir bem melhor. Meus pensamentos divagaram até minha infância. Por mais maravilhosa e calmante que fosse aquela bolsa, ela não chegava nem perto do calor que a minha *golden retriever*, Sally, me transmitiu durante os anos mais assustadores da minha vida.

Quando eu tinha 7 anos, minha bóxer, Bookie, morreu, e Sally entrou na família. Ela era bonita, amável e dócil. Eu voltava correndo da escola para ficar com ela, e preferia uma longa caminhada na praia ou uma exploração na mata com Sally a andar de bicicleta com as amigas. Em casa, eu a dividia com minha irmã e dois irmãos. Ela completava nossa família feliz e era nossa diversão. Sally era também a nossa defensora, descendo as escadas em cima do colchão conosco, comendo satisfeita o pedaço de fígado rejeitado que lhe dávamos por baixo da mesa, e sempre se entretendo quando eu cantava acompanhando David Cassidy, Carole King e Three Dog Night. À noite, ela dormia na cama comigo.

Aos 10 anos de idade, a bolha perfeita em que eu vivia estourou. Voltei da escola certo dia, e não havia comida no fogão nem biscoitos quentinhos no balcão da cozinha. Havia apenas um bilhete de minha mãe, dizendo que ela resolvera ir embora.

A nossa vida familiar passou a enfrentar uma série de mudanças, ocasiões em que minha única coisa constante era Sally. Eu dormia com a cabeça apoiada no peito dela, seu pelo absorvendo as lágrimas que se derramavam sobre seu coração.

Em doze meses, tanto meu pai como minha mãe estavam novamente casados, com outras pessoas. Meu irmão Jim e eu preferimos ficar com papai e sua nova esposa. Sally ficou conosco. Todos nos adaptamos e acomodamos, até que um dia o marido de minha mãe apareceu, exigindo que fôssemos com ele. Ele estava bêbado, muito nervoso e armado. Ao que parecia, minha mãe reivindicava seu direito de tutela. Meu pai interveio, e um advogado foi chamado. Minha mãe tinha direito. Tivemos de deixar meu pai. Chamei Sally chorando, e ela pulou para dentro do carro. Enquanto nos afastávamos, olhei para trás e vi meu pai chorando. Meu mundo desmoronava mais uma vez. E iria ficar bem pior.

Mais tarde no mesmo dia, Sally e eu fomos separadas. Chorando muito, sem poder fazer nada, vi como ela foi maltratada, chutada e confinada num canil gelado. Jimmy e eu ficamos com minha irmã Katy e meu irmão Billy num quarto na parte mais fria da casa.

A propriedade onde minha mãe e o marido moravam era grande, bem aparelhada e dava para o rio, sendo toda cercada de jardins coloridos. Mas essa aparência era assustadoramente enganadora. Nela habitava um monstro.

Uma noite, acordei com meu padrasto debruçado sobre mim, a baba pingando no meu rosto. Abri os olhos, mas fiquei congelada, imóvel. Em sua mão, um revólver e uma bala. Vacilando em seu estupor etílico, ele introduziu a bala na câmara.

– Vamos ver se essa é a sua noite de sorte – resmungou. Ele girou o tambor, encostou o revólver na minha cabeça e apertou o gatilho. Como a arma não disparou, ele rosnou para si mesmo e saiu do quarto cambaleando, o mesmo quarto onde estavam meus irmãos e minha irmã. Agradeci por ele ter escolhido a mim e não a um deles.

Minha mãe vivia emocionalmente ausente, o que não acontecia com Sally. Às vezes eu me arriscava e ia procurar consolo no chão frio do canil com ela, onde tudo era seguro e aconchegante. Era como se ela soubesse que estava numa jornada necessária e mantinha uma introspecção confiante, nunca titubeando em seu amor ou em sua capacidade de me animar. Ela conhecia o mal que nos rodeava, mas tinha seu modo peculiar de dissipá-lo. No momento em que eu abria a porta do canil, nós nos transportávamos para outro mundo, mesmo que fosse por uns poucos minutos.

A força de Sally se tornou a minha força e uma nova persona emergiu da adolescente amedrontada. Parei de chorar e me tornei raivosa. Minha rebeldia não passou despercebida e fui mandada para um internato, arrancada de minha família mais uma vez e, ainda mais angustiante, posta numa situação em que não podia protegê-la.

Durante dois anos, fui obrigada a sofrer em silêncio. Eu sentia falta de minha família, e meu coração doía por Sally. Embora estivéssemos separadas, ela continuava sendo meu farol de luz e de esperança. Ela havia me ensinado a superar, e eu fizera uma promessa para ela. Eu voltaria.

Era o dia de Ação de Graças e eu visitava minha família. Sally continuava no canil úmido e frio e nós estávamos à mesa. Tudo muito simples. Meu ruivo e lindo irmão Bill pediu licença para levantar e pegar um copo de água. Quando Bill chegava à cozinha, meu padrasto arremessou uma faca contra ele. A faca passou rente à orelha de Bill, que congelou. Eu me levantei, subi para o quarto e comecei a fazer as malas. Minha mãe correu atrás de mim, perguntando o que eu estava fazendo. Respondi que ia embora porque ela estava matando a todos os que eu amava e que eu a odiava por isso. Ela fechou a porta, segurou-me pelos ombros e disse:

– Fique só mais esta noite. Vamos todos com você amanhã.

Eu não podia acreditar no que ouvia. Minha velha mãe estava de volta! Eu não conseguia entender por que ela se submetera durante tantos anos. Talvez fosse por causa da boa aparência ou da riqueza de meu padrasto, ou talvez pelo desejo dele por ela. Tudo o que eu sabia era que o encanto estava desfeito. Na manhã seguinte, depois da saída de meu padrasto para o trabalho, todos nós, mais a filha dele e dois cachorros, nos esprememos num carro e fugimos.

Fomos para a cabana de meu avô no norte do Maine. Não havia eletricidade nem água corrente, mas estávamos livres do medo. Sally e eu dormíamos juntas de novo, nadávamos em riachos nas montanhas ao longe e fazíamos longos passeios na floresta.

Sally foi tudo para mim – tudo. Ela me confortou quando eu sofria, me estimulou enquanto eu crescia, incutiu em mim a diferença entre certo e errado, e foi minha mãe quando a que me gerou estava perdida. Ela foi tudo o que de bom eu tive no mundo.

A respeito de crianças que vivem situações abusivas, é comum ouvir-se: "Crianças não contam." É verdade. Eu só contei a um adulto o que estava acontecendo comigo na época a um policial. E não aconteceu nada. Mas eu contava absolutamente tudo para a minha cachorrinha. E ela escutava e respondia. Foi com a ajuda de Sally que descobri a extraordinária capacidade e disposição de um cachorro para confortar uma pessoa, mesmo em meio a suas próprias tribulações.

Como acontece com muitas pessoas, eu sempre confiei nos cães, mas nem sempre confiei nos seres humanos. Sei que não estou sozinha, e não vejo isso como algo ruim. Penso que está tudo bem assim. Todos passamos por provações na vida. É o que aprendemos com elas que importa. Eu aprendi a nunca subestimar a capacidade de um cão para oferecer conforto quando uma pessoa não consegue fazê-lo.

Sally

"Eu sempre quis ser o homem que o meu cachorro pensa que sou"

Gary Corneer

Dois meses depois de perder meu labrador chocolate de 13 anos em decorrência de câncer, comecei a procurar outro cão da mesma raça. Eu pesquisava sites de resgate na Internet quando topei com uma imagem que me fez interromper a busca. Era um labrador chocolate, com olhos dourados penetrantes e uma cabeça grande, robusta e bela. O cachorro estava na Rimrock Humane Society, em Roundup, Montana, 260 quilômetros longe de casa. Telefonei para a Sociedade e recebi a informação de que ele tinha 3 anos de idade e fora entregue por seus donos. Eles o haviam confinado num canil durante mais de um ano depois que ele apresentou desempenho medíocre em competições de campo e se revelou avesso à caça. Seu nome era Gunner.

Eu precisava conhecer esse cão. Combinei encontrar-me com o diretor da Sociedade em campo "neutro", uma quadra de beisebol, em Roundup. Depois de três horas de carro, entrei no estacionamento da quadra, peguei um petisco, abri a porta da picape e olhei para a quadra. No outro lado estava o labrador mais belo que eu já vira. Ele me olhou, disparou pela quadra, agarrou o petisco e saltou para dentro da picape. Creio que posso dizer que encontramos um ao outro.

Não olhamos para trás. Na longa viagem de volta, Gunner se tornou Gunny e um verdadeiro ritual de *fast food* teve início. Depois de parar no McDonald's, resolvi dividir minhas batatas fritas com meu novo melhor amigo, que viajava sentado no banco traseiro da cabine. Cada batatinha que eu lhe oferecia, ele abocanhava com todo cuidado. Ao chegar em casa, notei que ele não as havia comido e, além disso, as amontoara com todo capricho. Eu logo descobriria que ele só comia batatas fritas se elas tivessem *ketchup*.

Na época da adoção de Gunny, eu lecionava marcenaria e técnicas de construção na Escola Secundária Bozeman, em Bozeman, Montana. Na manhã seguinte, levei Gunny para a escola. Ele se achegou a cada um dos alunos, como que dizendo: "É bom estar aqui com você." Era como se ele os conhecesse e sempre tivesse estado perto deles. Quando os garotos se puseram a trabalhar, ele entendeu o que acontecia e simplesmente se deitou a meu lado. Ele foi a atração do dia.

No dia seguinte, eu o deixei em casa, imaginando que um belo pátio cercado, brinquedos e os dois bassês seriam suficientes para mantê-lo ocupado até a minha volta. Errado. Gunny tinha ficado entediado. Ele tirara tudo o que podia da garagem e levara para o pátio, inclusive seu cobertor, tigela, brinquedos, as minhas botas e sapatos.

Sendo o bom "pai" que sou, resolvi recompensar esse mau comportamento. Gunny começou a ir para a escola comigo todos os dias. Na maioria das manhãs, passávamos pelo McDonald's, onde tive de convencer os atendentes de que bolinho de linguiça não é bom para cães. Eles logo mudaram para petiscos caninos. Na escola, ele passou a fazer parte da turma. Sua rotina na marcenaria consistia em ficar caminhando durante a aula e parar de vez em quando para receber um agrado ou um afago de um aluno ou outro. Quando bem entendia, ele se deitava num cobertor debaixo da minha mesa. Gunny era amado. Um grupo de alunos chegou a fazer uma cama especial adaptada à cabine estendida da minha caminhonete.

Seis anos depois, eu me candidatei para a função de supervisor dos alunos e fui nomeado. Entendi que a escola estava contratando a nós dois. Mas, no dia da primeira reunião administrativa com o diretor, diretores-assistentes, superintendente-assistente e inspetor das escolas, deixei Gunny em casa. Quando o superintendente-assistente perguntou se Gunny precisava de um e-mail particular para se fazer presente na reunião seguinte, convenci-me de que estávamos ambos contratados.

Atualmente, sou supervisor dos alunos da 2ª e 3ª séries do 2º grau numa escola com 1.700 alunos. Meu trabalho consiste em acompanhar os alunos ao longo do curso e estimulá-los a prosseguir os estudos com perseverança. Uma atribuição importante inerente a essa função consiste em servir de elo entre pais, professores e alunos e, quando necessário, adotar medidas disciplinares.

Aplicar essas medidas é o aspecto desagradável do trabalho. É uma tarefa difícil porque a experiência de vida que os alunos trazem para a escola está ligada a sua vida familiar, uma realidade sobre a qual a escola não tem condições de exercer qualquer controle. É difícil disciplinar uma pessoa conhecendo-se as razões por que ela age de determinado modo e sem poder fazer nada a respeito. Gunny está sempre presente para os alunos. Ele é um harmonizador natural e ama absolutamente a todos. Considerando seus próprios antecedentes, seria de se esperar que ele jamais voltasse a confiar em alguém, mas ele confia.

Eu sempre tive consciência da capacidade de Gunny para confortar as pessoas, mas um dia esse dom ultrapassou todos os limites. Uma aluna estava na minha sala, passando pelo que eu imaginava ser o seu pior dia na escola. Um policial também estava conosco. A jovem fora surpreendida batendo numa colega. Ela faltava às aulas e enfrentava problemas em casa. Ela repetia:

– Vocês não compreendem. Eu tenho uma vida horrível.

Enquanto tentava explicar, ela simplesmente desabou, e começou a soluçar a ponto de quase perder o fôlego. Ela se esforçava para respirar, quando Gunny se levantou calmamente, foi até ela, reclinou a cabeça em seu colo e ficou olhando para ela. O momento foi mágico – absolutamente mágico.

A jovem estendeu a mão e começou a acariciar a cabeça de Gunny. Ela parou de chorar e em poucos minutos estava sorrindo.

Jamais vou esquecer como Gunny alterou o rumo daquela reunião. Um simples ato de bondade mudou tudo. Aprendi com ele que a bondade e a solicitude não são traços exclusivamente humanos. Cães têm as mesmas qualidades.

Depois de disciplinar meus alunos, digo-lhes que cometeram um erro, coisa que todos fazem. Garanto-lhes também que, quando voltarem depois de cumprido o castigo ou suspensão, Gunny e eu os estaremos esperando e não os julgaremos, pois temos bons sentimentos. Gunny me ajuda a cumprir essa promessa.

Um antigo ditado diz: "Eu sempre quis ser o homem que o meu cachorro pensa que sou." Esse é o meu objetivo. Gunny está me ajudando a alcançá-lo. Ele é um amigo verdadeiro e professor para todos. Eu sou apenas aquele que tem a sorte de levá-lo para casa todas as noites.

Gunny

Rimrock Humane Society
rimrockhumanesociety.org

Joshua e AJ

Bangor Humane Society
bangorhumane.org

"Amenizada a tragédia, nos ofereceram um presente"

Debbie Lander

Em 21 de janeiro de 1991, uma ninhada de adoráveis *springer spaniels* veio ao mundo. Meu filho de 16 anos, Joshua, tinha visto os filhotes na casa de um amigo e, naturalmente, quis um deles. Ele me disse que havia escolhido uma fêmea. Como já tínhamos três cachorros, eu lhe disse que não queria mais um.

Uma semana depois, no domingo do Super Bowl, meu filho morreu num acidente de carro perto de casa.

Amenizada a tragédia, nos ofereceram um presente, o filhote que meu filho havia escolhido, com o pedido de que o aceitássemos. Ela se chamava Aja Jo (AJ). A primeira vez que a segurei, pude sentir o amor de Josh. Acreditei naquele momento que esse cãozinho era um anjo enviado por nosso filho para nos ajudar a passar pelo que seriam longos anos de luto e dor.

E era. Com o tempo, AJ nos mostrou que podíamos, sim, nos alegrar e rir. Ela nos manteve vivos e nos ajudou a enfrentar tempos muito difíceis.

Aos 10 anos, AJ começou a dar sinais de que não estava bem. Eu a levei ao veterinário, onde passou por todos os exames imagináveis, mas nada foi encontrado. Dois anos depois, no meio da noite, tudo mudou.

AJ me acordou e quis ir para fora. Depois de sair, ela se deitou na grama e ficou olhando para o céu. Eu me aproximei dela e deitei a seu lado, olhando para as estrelas. Eu não sei como ou por que, mas sabia que alguém a estava chamando e ela queria ir. A infelicidade dela era visível. Alguma coisa dentro de mim sabia que era tempo de deixá-la partir.

Na manhã seguinte, no longo trajeto até o veterinário, paramos no nosso ponto preferido à margem de um rio onde sempre ficávamos algum tempo brincando. Naquele preciso momento e lugar, tomei a decisão de que não poderia me despedir. Assim, voltamos para o carro e eu manobrei para voltar. Nesse mesmo instante, AJ começou a gemer e uivar. Ela gania para mim, suplicando que eu a deixasse ir. Era como se dissesse: "Ele está me chamando."

Dei meia-volta no carro; os uivos cessaram imediatamente e ela começou a abanar o rabo, dando sinais de grande animação! Surpreendi-me com essa atitude e fiquei me perguntando se tudo não era fruto de minha imaginação.

Com o olhar fixo nos olhos dela, compreendi que o mínimo que eu podia fazer por ela era atender a seu pedido. Ela nos havia confortado durante doze anos e sabia que ficaríamos bem. Em meu coração, eu sabia que ela era um presente de Deus, meu anjo de quatro patas.

Logo que deixei AJ partir, senti uma sensação de paz e compreendi que Deus e nosso filho a tinham mandado para nos compensar pela partida dele. Eu perdi ambos, mas acredito que eles estão juntos.

"Ela me abraçou"

Beth Lockhart

Era a terceira semana de maio de 2007, e meus dois filhos, Adam e Kurt, estavam saindo de casa. Eu sabia que o Adam estava partindo e tive tempo de me preparar, mas quando Kurt comunicou que também estava indo embora, tomei consciência de que eu passaria a ter um ninho vazio. Trata-se de um dia para o qual achamos que estamos prontos, mas, quando ele chega, as emoções tomam conta.

Fiquei transtornada quando eles partiram. Meu marido trabalhava à noite naquele fim de semana e estava dormindo. Eu não quis incomodá-lo ou acordá-lo. Por isso, fui para fora, sentei na escada dos fundos e comecei a chorar.

Deixei a nossa *golden retriever* Sadie, de 5 anos, dentro de casa. Enquanto eu chorava, ouvi-a gemer e arranhar a porta para que eu a abrisse. Como eu não queria que ela acordasse meu marido, deixei que saísse. E foi então que aconteceu.

Quando voltei a me sentar, ainda chorando, Sadie pulou nas minhas costas. No início pensei que ela queria brincar. Mas eu não tinha ânimo para isso, e só queria chorar. Depois, quase soluçando, com o corpo quente de Sadie tocando-me, senti uma pressão suave, e compreendi que ela estava me abraçando. Ela pôs as patas nos meus ombros e se reclinou na minha cabeça. Depois começou a fungar no meu pescoço. Ela não estava mexendo ou brincando com os meus cabelos. Sua ação era deliberada. Pus a mão no ombro, toquei uma das suas patas e senti novamente: uma pressão, um abraço de verdade.

No momento em que entendi o que ela estava fazendo, chorei ainda mais. Ela estava me dando o apoio de que eu precisava.

Sadie continuou me abraçando durante alguns minutos até que parei de chorar. A impressão era de um tempo bem longo para um cachorro ficar quieto. Precisei de alguns segundos para entender o que estava acontecendo, e, quando entendi, fiquei paralisada. Segurei a pata que estava no meu ombro direito, não querendo que o abraço terminasse. É difícil explicar o que ele transmitia, a sensação era de profunda serenidade. O abraço de Sadie era de conforto e compreensão, pura demonstração de amor incondicional. Fiquei surpresa inicialmente, mas, quando senti a energia do amor que ela me dava, uma atmosfera de paz me envolveu. Parecia o paraíso. Eu a puxei para mim e a segurei no colo. Ela não resistiu nem quis sair, simplesmente ficou quietinha recebendo o meu abraço. E então uma torrente de lágrimas jorrou.

A lembrança daquele momento único me dá a paz e a força necessárias para lidar com outros momentos de provação na minha vida. Eu olho para Sadie, e ela resplandece com vida. Sadie é a minha força. Esse cão, que compreende perfeitamente as emoções das pessoas, me inunda de amor.

Sadie

The Ark Animal Shelter
thearkpets.org

Olive

Greater Androscoggin Humane Society
gahumane.org

"Um inferno que não vi chegar"

Jeff Gosselin

Minha mulher encontrou Olive na Internet. Ela e seus seis irmãos de ninhada haviam sido deixados numa estrada do Tennessee dentro de uma caixa fechada com fita adesiva. A mãe dos filhotes estava sentada ao lado da caixa, vigilante. Nós adotamos Olive sem vê-la e, quando ela chegou, descobrimos que era uma *catahoula leopard dog* mestiça, de cor marrom com manchas brancas.

Meu labrador amarelo de 12 anos, Algebra, não sabia bem o que fazer com aquele filhote de 12 semanas. Ele tivera um derrame um mês antes, e tudo havia mudado. Eu sabia que seu estado era grave. Na primeira manhã de Olive conosco, resolvi levar os dois para nadar numa lagoa próxima. Algebra adorava a água e passou quinze minutos se divertindo. Olive preferiu ficar na margem, olhando para a água com curiosidade. Duas horas depois, Algebra teve outro derrame e morreu.

Os dias se tornaram semanas, e Olive se tornou definitivamente propriedade da minha mulher. Sentava-se aos pés dela e a seguia fielmente até o quarto na hora de dormir. Embora fosse eu que a levasse para longas caminhadas todos os dias, ela se manteve leal a minha mulher.

Sete meses depois da morte de Algebra e da chegada de Olive, eu me aposentei após lecionar matemática durante quarenta anos. Um mês depois, minha vida se transformou num inferno que não vi chegar. Minha mulher, o amor de minha vida, abandonou a mim e a Olive, sem qualquer sinal ou aviso.

Fiquei desnorteado e perplexo. Ela sempre me dissera que ficaríamos casados para sempre, e eu acreditara. Vivendo minha própria dor, era difícil ver Olive hora após hora olhando pela janela, esperando que o carro a trouxesse de volta.

Teria sido fácil adotar a saída do derrotista e levar Olive para um abrigo, mas não sou um derrotista, e essa ideia nem sequer me passou pela cabeça. Agora Olive fora abandonada duas vezes, fato que não se repetiria enquanto ela estivesse sob os meus cuidados, por mais que eu estivesse sofrendo.

Eu não sabia como me fazer feliz, mas sabia como fazer Olive feliz. Comecei a levá-la para passeios bem mais longos de motoneve na floresta, esquiando pelos campos e percorrendo trilhas. Esses passeios me davam uma sensação de um objetivo. Deixá-la correr nas matas acabou sendo uma terapia para nós dois.

À noite, em vez de ir para a cama, eu acampava na frente da lareira de pedra, me deitava nas almofadas de Olive e ficava assistindo aos jogos do Celtics com ela enrodilhada a meu lado. Era muito confortável, física e mentalmente. Durante três semanas, essa foi a nossa rotina, até voltarmos a subir as escadas.

Olive salvou a minha vida. Ela foi a única razão que me manteve afastado de um lugar de total escuridão depois da partida de minha mulher. Hoje, mantendo o hábito, nossa primeira atividade de cada dia é o passeio pela floresta, com Olive se divertindo à vontade. Meu objetivo mais importante é proporcionar-lhe a melhor qualidade de vida possível, garantir que jamais seja abandonada novamente. Tenho a sensação de que ela tem esse mesmo objetivo com relação a mim.

Aprendi algo muito importante com Olive: para fazer sentido, o amor não precisa partir de outra pessoa.

"O homem à beira da morte"

Penny Black

Quando vi Zak pela primeira vez, ele tinha quatro anos e meio e já não participava do circuito de corridas de Seabrook havia oito meses. Ele fora resgatado por um casal devotado à proteção da raça *greyhound* e aguardava pacientemente por um lar. Eu estava à procura de um cão dócil, um companheiro para a minha *cocker spaniel* cega, Ebby. O abrigo dispunha de quatro machos. Observei atentamente todos eles, mas não consegui tomar uma decisão.

No dia seguinte, telefonei para a Carol, a responsável pelo abrigo, e perguntei qual dos quatro, na opinião dela, combinaria melhor com Ebby. Ela respondeu que Zak nunca era adotado por causa do seu tamanho incomum. De natureza maravilhosa, era o *greyhound* mais calmo que já aparecera no abrigo. Não precisei ouvir mais nada. Apesar de seu tamanho inconveniente, ele era o cachorro ideal para nós.

Zak logo revelou seu comportamento bonachão. Ele era tranquilo, afável, participativo. Ebby esbarrava nele seguidamente quando andava ao redor da casa; ele era sempre paciente com ela. Não se irritava com isso, compreendendo bem a situação difícil dela. Eles, inclusive, partilhavam os ossos que ganhavam sem nenhum problema. Ele era perfeito para ela.

E era perfeito também para minha mãe. Mamãe era uma pessoa prática e direta, que sabia lidar com cães. Ela gostou de Zak assim que o viu e acreditava que ele entendia perfeitamente tudo o que nós sentíamos e dizíamos. Mamãe sempre repetia que a vida é muito curta para fazer "coisas fúteis". Por isso, logo antes de morrer, ela me atribuiu uma missão quando disse:

– Você precisa dividir esse cachorro com os outros. Ele faz maravilhas pelas pessoas.

Refleti sobre o que mamãe disse e concluí que ela estava certa. Embora o tempo tivesse passado e Zak tivesse agora 9 anos, eu precisava dividi-lo com os outros.

Então, Zak e eu começamos a trabalhar com uma equipe de terapia num hospital para veteranos próximo de casa. O tamanho pouco comum de Zak e sua docilidade o transformaram num grande sucesso entre os veteranos que visitávamos. Ele era especialmente competente com pacientes terminais. Ficava parado ao lado deles enquanto afagavam sua cabeça e muitas vezes falavam dos seus bichinhos de estimação.

Chegando ao hospital certo dia, soubemos que um dos pacientes prediletos de Zak havia falecido e que outra família ocupava o quarto. Ali, um marido inerte jazia na cama, sua mulher sentada em silêncio perto dele. Hesitamos em entrar, mas a mulher viu Zak e pediu a uma enfermeira que nos convidasse a entrar.

Era evidente que o homem deitado na cama estava à beira da morte. Ele estava muito quieto, encolhido sobre um lado e com uma das mãos sobre as cobertas. A mulher se aproximou dele e sussurrou que havia uma visita. Eu poderia dizer que ela esperava uma resposta, que não veio.

Zak se aproximou da cama. Dada sua altura, a cabeça chegava ao nível do corpo do homem. Então ele fez uma coisa que nunca havia feito antes. Ele espichou o longo pescoço até alcançar a mão exposta do homem. Em seguida, sem qualquer estímulo, lambeu suavemente a mão, que se mexeu ligeiramente, com o homem produzindo um som gutural baixo. Foi suficiente para fazer a mulher se levantar, chamando o nome do marido. Ela sorria quando se virou e agradeceu a visita. Em seguida, olhou para Zak e lhe agradeceu diretamente.

Você pode pensar que não há nada de especial em um cachorro dar uma lambida, mas Zak não fazia isso. Ele nem sequer me beijava! Incrivelmente, ele arrancou uma resposta de um homem moribundo. E embora esse momento não significasse muito para mim, ele representava um mundo para outra pessoa.

Na saída, eu estava orgulhosa de Zak e profundamente tocada por sua compaixão. O momento fora de verdadeiro assombro. Eu olhei para Zak e disse:

– Se você não fizer mais nada de bom na vida, o que acabou de fazer foi simplesmente inacreditável.

Três meses depois, eu perdi meu Zak para um tumor cerebral, algo que muito provavelmente ele já tivesse havia muito tempo, mas que guardava para si mesmo. Talvez ele fosse muito grande para ser um bom corredor ou para adotantes perceberem seu potencial, mas eu acredito que ele simplesmente fora salvo para mim – um presente de Deus, um gigante carinhoso na pele de um *greyhound*.

Com Zak eu pude ajudar veteranos, mas também a mim mesma, sendo útil a outras pessoas. Ele me mostrou que podemos exercer um grande impacto sobre a vida de outras pessoas com uma simples lambida na mão, e que presentes especiais são oferecidos sob todas as formas e tamanhos. Minha mãe tinha razão. Zak fez maravilhas por muitas pessoas.

Therapy Dogs
therapydogs.com

Coco

Atlanta Pet Rescue and Adoption
atlantapetrescue.org

"Os cães que viviam do lado de fora de um orfanato"

Dee Thompson

Em 2004, adotei uma menina de 13 anos de um orfanato em Khabarovsk, Rússia. Alesia fora afastada da mãe biológica alcoólatra aos 6 anos de idade, devido ao total descuido e abusos. A mãe nunca mais esteve em contato com ela. O pai saíra de casa quando ela era ainda bebê.

Pouco depois que minha filha Alesia passou a morar comigo, minha mãe e eu compramos uma casa, e Alesia pôde ter seu próprio quarto. Por maior que fosse o seu entusiasmo, ela tinha medo de dormir sozinha. Na época, ela ainda não sabia bem se podia confiar em mim, na avó ou em outros adultos. Os adultos sempre a haviam decepcionado.

Na primeira noite em seu quarto, Alesia levou a pequena Coco, *yorkie-poo* de minha mãe, para a cama com ela, e com isso um ritual teve início. Elas iam para a cama juntas todas as noites e, quando Alesia pegava no sono, Coco pulava sutilmente da cama, descia as escadas e deitava na cama com minha mãe, com quem dormia desde filhote.

Logo no começo, Alesia tratava Coco como uma boneca, enfeitava-a com diferentes adereços e cantava-lhe canções em russo. Coco parecia sentir que Alesia precisava dela e estava sempre disposta a se deixar abraçar e a brincar com ela durante horas. Havia amor e confiança entre elas.

Um ano se passou e Coco recebeu o diagnóstico da síndrome de Ehlers--Danlos, uma doença rara que provoca facilmente rachaduras na pele. O veterinário nos alertou que a maioria dos donos sacrifica seus cães quando estes contraem essa doença. Nós não poderíamos fazer isso. Mas Coco não podia mais sair, pois, se roçasse no que quer que fosse, a pele podia romper-se. E ela não podia ser tosada ou banhada por profissionais.

Os laços entre Alesia e Coco se estreitaram. Eu observava como minha filha russa, falando pouco inglês, cuidava de sua amiga doente, alimentando-a, abraçando-a e jogando bola cuidadosamente com ela. Alesia assumiu a tarefa de dar banho em Coco na pia da cozinha; depois do banho, sentada pacientemente no chão, aparava delicadamente sua pelagem, cacho por cacho. Enquanto Alesia amparava Coco com compaixão infinita, ela lhe retribuía com a mesma dedicação. Acredito que Coco era um anjo com aparência de cão para Alesia, quando ela se sentia sozinha e com medo.

Precisei de bastante tempo para compreender a importância da relação de Alesia com Coco. Quando começou a falar inglês, Alesia me disse que nunca recebeu amor de ninguém, a não ser dos cães que viviam do lado de fora do orfanato. A comida era pouca, mas ela reservava porções das suas refeições para dá-las aos cães desabrigados. Ela, inclusive, fez uma "casa" de papelão para sua cadela favorita, Greta, e assim Greta pôde cuidar dos seus filhotes abrigada. Aqueles cães desabrigados davam conforto e amor a minha filha num lugar onde esses sentimentos praticamente não existiam.

Alesia não recebeu amor de nenhum ser humano na Rússia; no entanto, ela sempre teve empatia e amor pelos cães que, como ela, eram abandonados. Eles, por sua vez, lhe davam amor incondicional. Sem eles, minha filha talvez nunca tivesse sentido a alegria de amar outro ser. Sou agradecida por ela sempre ter conhecido o amor na forma de um cachorro.

"Eu queria desistir da vida"

Lynn Nobil

A chamada foi no meio da noite. A polícia estava a caminho. Meu filho de 17 anos, Erik, havia morrido num acidente de carro. Faltava uma semana para ele começar os estudos na Escola de Música Berklee.

Foi uma tragédia familiar, e todos sofremos muito – meus pais, meu marido, minha filha Kiersten e nosso bóxer, Bo. Erik e Bo seguiam um ritual noturno de brincadeiras e lutas de mentirinha. Tudo terminou com a morte abrupta de Erik.

Sim, acabou tudo, mesmo. Eu entrei em parafuso. Ficando sozinha durante o dia, eu estava além do desespero. Não havia palavras para descrever esse estado. Eu precisava levantar pela manhã, mas mal conseguia me mexer. Fiz tudo o que pessoas em minha situação fazem. Consultei uma terapeuta. Depois de várias sessões expondo minha alma, ela me disse que todos acabam morrendo. Não era essa a resposta que eu esperava. Tentei Valium e medicamentos para dormir; senti-me pior. Procurei ir em frente, voltando para a faculdade com a intenção de continuar os estudos de psicologia. Ao entrar no campus, porém, cada estudante parecia meu filho. Eu não conseguia. Com toda honestidade, eu queria desistir da vida.

No entanto, embora eu certamente não estivesse presente para ninguém, especialmente para minha filha, nosso cachorro, Bo, estava lá para mim. Ele interpretava cada emoção e necessidade minha. Bo me pressionava a sair e a me concentrar em caminhar, em vez de chorar. Quando eu chorava, ele parecia enlouquecer tentando fazer algo para me consolar. Ele andava de um lado para o outro tomado de ansiedade. E, às vezes, quando eu desabava no chão, tamanha a dor, ele se aconchegava, me lambia e tocava o meu rosto de leve, procurando me animar da melhor maneira que conseguisse.

Mas o conforto que ele tentava me dar não dissipou o sofrimento, e o tempo não produziu a cura. Um dia, depois de pensar em muitas formas que poderiam pôr fim a minha vida fazendo parecer um acidente, ocorreu-me um plano. Enquanto estivesse passeando com Bo, ele caminharia na calçada e eu andaria pela rua, esperando ser atropelada por um carro. Meus familiares pensariam que a minha morte fora um acidente, não um suicídio.

Arquitetado o plano, comecei a caminhar na pista, com Bo me acompanhando na calçada. Sempre que eu fazia isso, porém, ele usava toda sua força para me puxar para a calçada. Eu voltava para a rua, mas era invariavelmente puxada de volta. Meu plano foi por água abaixo, e eu tive de continuar em frente.

Tenho uma filha linda que ainda precisa da mãe. Minha família e amigos, que sempre me deram todo seu apoio, também precisam de mim. Hoje agradeço por cada um de meus dias de vida. Nunca vou esquecer que Bo estava lá nas minhas horas mais tenebrosas, levando-me das profundezas do desespero pessoal para o refrigério das alturas. Ele estava lá para impedir que eu desistisse da vida, que me suicidasse.

Bo e Erik estão juntos agora. Encontro consolo tendo consciência dessa realidade.

Aprendi com Bo que temos um vínculo muito estreito com os animais. Comunicamo-nos através de uma linguagem silenciosa. Ele me fez compreender que os animais podem oferecer conforto de um modo que os seres humanos não conseguem.

Society for the Prevention of Cruelty to Animals of Hancock County
spcahancockcounty.org

Baldwin

Lange Foundation
langefoundation.com

"Quem é esse doutorzinho?"

Susan Hartzler

Eu amo cães – sempre amei, sempre amarei. No entanto, nem em meus sonhos mais desvairados eu teria acreditado que um cachorro poderia não só tocar a minha vida, mas também afetar a vida de muitas outras pessoas.

Eu não estava à procura de um cachorro. Estava me apresentando para trabalhar como voluntária na Fundação Lange, um abrigo de cães para adoção em Los Angeles, quando conheci um emaranhado de cachos pretos-azeviche do tamanho de uma caixa de sapato. Seu nome era Baldwin, um pastor húngaro conhecido como *puli*. Ele deixou claro que me queria, mas, de minha parte, fiquei em dúvida. Quando voltei no dia seguinte, ele abanou não apenas seu pequeno coto de rabo, mas todo o corpo. Desde o momento em que meu viu, ele soube que eu era dele. Agora eu também sabia.

Peguei Baldwin no colo e senti seu cheirinho de filhote, que me lembrou alegria e felicidade. O destino dele foi decidido naquele momento. Ele levaria aquela alegria e felicidade para os lugares onde ela mais se fazia necessária, para as crianças doentes nos hospitais.

Mas, antes disso, ele precisava ser preparado. Recebeu treinamento em pastoreio e agility, ganhando vários prêmios por sua velocidade e precisão. Em seguida, frequentou a escola e recebeu o certificado de cão terapeuta.

Minha amiga Marilyn criou o programa de cães terapeutas no County General Hospital, no centro de Los Angeles. Exultei quando ela escolheu Baldwin e a mim para participarmos do programa.

Nunca vou esquecer nossa primeira visita. Vesti Baldwin com um jaleco verde, complementado com um estetoscópio roxo. Ele aceitou bem a roupa, dando a impressão de que estava assumindo uma missão importante e que o uniforme era apenas uma formalidade. Eu estava um pouco nervosa. Esse era um ambiente novo para mim, com odores e sons muito diferentes dos habituais. Baldwin era um cão pastor de alta energia e conhecia inúmeros artifícios para entreter crianças. Ele sabia rolar, fazer "bate aqui" e espirrar quando mandado. Mas ele corria o risco de ficar estimulado demais, por isso levei uma sacola de petiscos para distraí-lo e evitar problemas.

Quando saímos do carro no estacionamento do hospital, Baldwin logo me puxou na direção da entrada. Eu mesma não sabia como entrar. Como ele sabia? Esse foi o primeiro sinal de que ele sabia aonde estávamos indo e qual era nossa missão. Entramos no elevador, e uma enfermeira que vestia o mesmo modelo de jaleco olhou para ele e desatou a rir, encantada. Quando a porta abriu no sexto andar, Leita, a coordenadora do programa, nos esperava.

– Quem é esse doutorzinho? – perguntou. – Precisamos providenciar um crachá oficial para ele.

Ela se abaixou para acariciá-lo, mas Baldwin se adiantou oferecendo a pata para cumprimentá-la.

– Ah, uma saudação formal; entendo –, ela disse, enquanto apertava-lhe a pata. – O dr. Baldwin fará uma visita a uma menina especial, que está esperando na sala de recreação. Ela acabou de sair da quimioterapia, por isso não pode ficar com as outras crianças por causa dos micróbios.

Fomos levados para a sala de recreação das crianças. Lá estava uma menininha de 7 anos, sentada num sofá, vestindo uma roupa de hospital amarrotada. Seus olhos eram fundos, rodeados de círculos escuros densos. Ela estava magra e cansada. A compleição pálida lhe dava uma aparência transparente. Seu nome era Maria.

A mãe de Maria estava sentada a seu lado, segurando-lhe a mão esquelética, acariciando-a levemente, cantando suavemente para a filha, ao mesmo tempo em que balançava ligeiramente o corpo. Maria não se mexia. Estava sentada imóvel, olhar vazio, como em transe. Ambas pareciam perdidas na sala feita para vinte crianças, com jogos de computador bipando, uma tela de TV cintilando e murais multicoloridos fixos nas paredes.

Quando entramos, todas as distrações desapareceram. Eu concentrei minha atenção em Maria e em sua mãe, observando a injeção intravenosa no braço da menina, indicativo do estágio do câncer. Leita falou delicadamente com a mãe em espanhol, e ambas tocaram suavemente a menina, trazendo sua consciência de volta à sala.

Quando Maria olhou e viu Baldwin, seu rosto começou a se transformar. Ela sorriu levemente, relaxou e respirou profundamente, o que deu certa cor às faces.

Num espanhol tosco, perguntei à menina se ela queria que Baldwin se sentasse perto dela. Ela assentiu com a cabeça. Baldwin saltou imediatamente para o sofá e deitou-se sobre ela. Fiquei aflita! E se ele a machucasse? Eu não esperava que ele fizesse isso, mas ele agiu por conta própria.

Por mais que eu me afligisse, Maria parecia gostar. Cuidei para que ele não tocasse na agulha no braço dela e em seguida me sentei na frente deles, observando. Maria afagou o queixo de Baldwin até que ele reclinou a cabeça, suspirou e fechou os olhos. Em poucos instantes, com Baldwin esticado no colo, Maria começou a respirar profundamente, cada inspiração levando mais vida para o seu semblante.

Durante uma hora observei Maria acariciando a pelagem de Baldwin, a pequena mão movendo-se na mesma direção vezes sem conta. O gesto me lembrou os dedos de uma pessoa percorrendo as contas do rosário e mentalmente comecei a repetir: "Ave Maria, cheia de graça, o Senhor é convosco." Ao tomar consciência de que repetia o mesmo mantra sem parar, compreendi o que eu estava testemunhando: a graça em ação.

Baldwin não se mexeu um único centímetro durante todo o tempo em que estivemos naquela sala. Aí estava um cão de alta energia, que percorria pistas de treinamento com agilidade e pastoreava ovelhas, um cão que me fazia lançar bolas e *frisbees* para ele durante horas. Ele raramente se aconchegava comigo. Mas aqui, na ala de oncologia, ele estava fazendo precisamente o que devia ser feito, exatamente o que uma menina doente precisava naquele exato momento.

Com essa experiência, compreendi que Baldwin estava em sintonia com alguma coisa muito maior do que eu jamais poderia compreender. Eu era apenas a sua facilitadora, que segurava a guia.

Eis o que eu sei, e que não sabia antes: não há o menor problema em amar os cães como eu amo. Eu saí do armário como a amante de cães que realmente sou, e não me envergonho!

Intuição

Teoria da verdade

Rupert Sheldrake, cientista de renome internacional, comprovou através de experimentos com cães que a telepatia é fato concreto e que homem e cão podem comunicar-se a longa distância. Se você é alguém que ama os cães, já sabe disso. E sabe também que os cães têm a capacidade de sentir estados físicos e mentais que os seres humanos não sentem.

Com a mesma facilidade com que minha geração adotou o computador e a Internet, no devido tempo e com aceitação veremos e compreenderemos o que alguns cientistas já sabem: existem vínculos entre espécies que abrangem o passado e que transcendem o espaço e o tempo. A esse fenômeno, Sheldrake denomina "ressonância mórfica". Para descrevê-lo, usamos os termos *sexto sentido* e *intuição*. Seja o que for, trata-se de uma forma de telepatia que os seres humanos de modo geral ainda desconhecem, mas que é claramente inerente à natureza canina.

Com vinte e poucos anos de idade, eu trabalhava como âncora e repórter do noticiário matutino numa afiliada da CBS em Bangor, Maine. Eu tinha quatro cachorros e morava num apartamento de dois quartos. Trabalhava muito, mas ganhava menos de 10 mil dólares anuais. Os cães comiam arroz e ração seca, e a minha dieta não era muito diferente.

Para piorar as coisas, o prédio onde ficava o apartamento servia de alojamento temporário para doentes mentais que recebiam alta do hospital psiquiátrico local. Sons assustadores chegavam frequentemente de outros três apartamentos. Eu me sentia muito mal por deixar os cães o dia todo naquele lugar sombrio e assustador, mas era a única locação que permitia animais de estimação. Certamente, essa não era a vida glamorosa que eu esperara ter como repórter de televisão. Para que tivessem companhia, eu sempre deixava o televisor ligado para eles, sintonizado no meu canal.

Um dia, recebi a visita de uma amiga. Enquanto eu trabalhava, ela ficava no apartamento com os cães. No primeiro dia como minha hóspede, na volta do trabalho, ela me contou uma história incrível: às 7h20, cinco minutos antes que eu entrasse no ar, Mary, a minha *spitz* americana toda branquinha, saltou na minha cama com dossel, que era bem alta, e se sentou na frente do aparelho de televisão. Ali acomodada, ela ficou me vendo durante todo o noticiário; quando o programa terminou, ela simplesmente desceu da cama e foi se juntar aos outros cães. Ela repetiu esse comportamento pouco antes de eu voltar ao ar às 8h20.

Esse foi o meu primeiro vislumbre da percepção extrassensorial de Mary. Eu sabia que ela gostava de ver *Lassie* na TV, mas havia interpretado esse interesse como uma capacidade aguçada de compreender os latidos de Lassie.

Seis anos depois, porém, não pude subestimar as habilidades intuitivas de Mary. Eu estava vivendo com um homem muito afável, chamado Jim, que por acaso era diretor de uma funerária. Nós morávamos numa casa colonial enorme, no segundo piso, um andar acima da casa funerária e dois acima da sala de exposição de caixões e das salas de embalsamamento. O apartamento era amplo e muito bonito. Sua única desvantagem era ser fantasmagórico.

Nessa época eu tinha dois cães, Mary e Philophal. Philophal era um mestiço de *terrier* que resgatei das ruas de Ogden, Utah. Mary fora um animal de rua, encontrada comendo lixo perto de uma base da Força Aérea em Clearfield, Utah.

Era bastante frequente os cães ficarem sozinhos em casa. Ambos tinham mais de 10 anos e eram calmos. Um dia, enquanto eu fazia compras, recebi uma chamada urgente de um dos diretores da funerária. Um velório estava em andamento, e os cachorros latiam sem parar. Ninguém conseguia acalmá-los. Corri para casa e encontrei Jim nas escadas do fundo. Subimos juntos e vimos a mesma cena quando abrimos a porta.

Mary e Philophal estavam no corredor que dava para a capela mortuária. Um estava de frente para o outro, como se alguém estivesse entre eles, ambos olhando para cima e latindo furiosos. A nossa chegada não os deteve. Eles estavam claramente protegendo seu território de um intruso. Chamamos os seus nomes. Seus olhos se voltaram para nós, indicando que nos reconheciam, mas imediatamente voltaram-se para algo que era real para eles, mas invisível para nós. E então foi como se a entidade começasse a caminhar em direção à porta. Os dois cães tomaram a mesma direção, latindo e seguindo esse algo espectral até a porta da sala onde acontecia o velório. Ambos farejaram nervosamente a porta e em seguida a fresta entre a porta e o assoalho. Um minuto depois, viraram-se para nós e nos fizeram festa.

Se houve um momento em minha vida em que fiquei sem palavras, foi esse. Jim e eu olhamos um para o outro, sem saber o que pensar ou dizer. Com o passar do tempo, raramente voltamos a mencionar esse episódio. Acontecem coisas na vida sobre as quais nós, como seres humanos, não queremos de fato muita conversa, especialmente quando moramos numa casa funerária.

Philophal, Mary e Pete, fantasiados de rena

"Vi algo que me deixou atônita"

Susan Lilly

Meu cachorro Boomer, um *retriever* mestiço, é muito prestativo. Ele quer sempre fazer a coisa certa para sua família. Sua irmã Riley, grande como ele, é uma mistura de raças, e parece um pastor alemão pequeno. Ambos são cães de resgate e membros importantes de nossa família. Moramos em Telluride, Colorado, e passeamos juntos quase todos os dias.

Em junho de 2004, caminhávamos por nossa trilha junto ao rio, como fazíamos sempre. Era um dia de correnteza muito forte, pois a neve das montanhas estava derretendo. Como sempre, Riley foi até a beira para tomar um gole d'água. Mas dessa vez ela escorregou da pedra e caiu na torrente. Seu corpo logo assumiu a posição vertical, impedindo-a de nadar e salvar-se. Ela girava e girava, com as patas batendo ao acaso na água e um olhar de horror impotente.

Depois de uma avaliação instantânea e apavorante, corri o mais rápido possível com minhas sandálias de dedo ao longo da trilha, com a intenção de pular no ponto mais raso, para interceptá-la e evitar que se afogasse. Corri procurando manter os olhos nela, para ter certeza de que chegaria longe o bastante para pegá-la. Quando me virei pela terceira vez, vi algo que me deixou atônita. Boomer, nosso filhote de 10 meses, havia subido numa pedra na beira do rio e segurava Riley pelo pescoço.

Prendendo-a com firmeza, com certo senso de urgência, calmo, mas determinado, ele a tirou da água e a arrastou pelos arbustos até a trilha do rio. Em seguida, sacudiu-a de um lado para o outro, como que a repreendendo. Ela estava salva, e Boomer se tornou nosso eterno herói.

Com essa experiência, entendi que os cães e talvez outros animais têm algo como um sexto sentido que os alerta dos perigos e de outros estímulos imperceptíveis. Fico feliz em saber as coisas extraordinárias que os cães, neste caso Boomer, podem fazer num mundo predominantemente humano.

Boomer & Riley

Second Chance Humane Society
secondchancehumanesociety.org

"Eu a salvei e ela me salvou"

Joy Peterkin

Na primeira semana de outubro de 2004, meu marido, Salem, e eu saíamos do consultório médico localizado no centro comercial da nossa cidade quando uma mulher com uma cesta na mão se aproximou de nós. Ela perguntou se estávamos interessados em comprar um filhote de cachorro. Nós hesitamos. Tínhamos perdido nosso querido *shih tzu* um ano e meio antes e havíamos decidido nunca mais ter um cachorro.

Nós dois gostamos de animais e não conseguimos resistir à tentação de dar uma olhada nos filhotes. A mulher explicou que estava passando por muitas dificuldades, que o marido se machucara num acidente e que não tinham mais dinheiro. Os filhotes eram a única coisa que lhes restava.

Olhamos na cesta e vimos três pequenos filhotes tentando se movimentar. Um deles, uma fêmea, era bem menor que os outros dois, e eu a peguei; cabia na palma de minha mão. Ao aproximá-la de meu pescoço, ela se aconchegou, e então conquistou meu coração. Nós a compramos por 25 dólares.

No dia seguinte, eu a levei ao veterinário, que confirmou que muito provavelmente ela era um *chihuahua* e que deveria ter umas quatro semanas.

Não sabíamos que nome lhe dar. Um dia, olhei na caixa onde ela estava e disse:

– Então, você não é mesmo um tico[2]?

– Você acabou de lhe dar um nome – disse Salem.

E assim ela se tornou Little Bit. Na ocasião, ela mal pesava 250 gramas. Nós nos encantamos por ela e a amamos muito.

Onze meses depois que Little Bit entrou em nossa vida, perdemos a casa e nossas posses no furacão Katrina. Little Bit nos ajudou a manter o equilíbrio.

Quatro meses mais tarde, mudamo-nos para nosso *trailer* da Federal Emergency Management Agency e fomos morar em outro Estado. Estávamos apenas nos adaptando à nova vida quando Little Bit começou a apresentar um comportamento estranho. Ela se levantava no meu colo e farejava o meu seio direito. Antes disso, ela sempre se agasalhara em meu roupão de manhã, enquanto eu tomava café e lia o jornal. Agora ela não me afagava, apenas farejava o seio. Comecei a perceber que o seio doía quando ela o tocava. Eu me apalpei, mas não encontrei nada.

Depois de duas semanas vendo Little Bit agir do mesmo modo, resolvi consultar um médico. Pedi uma mamografia e lhe falei sobre o comportamento de minha cachorrinha. Fiz a mamografia e, claro, foi detectada uma área no seio direito que parecia ter algum problema. Uma biópsia revelou que se tratava de um câncer. Mas o tumor era tão pequeno que o próprio médico não conseguia senti-lo. Era do tamanho de uma pequena ervilha e estava localizado embaixo do mamilo.

Fui operada três semanas depois. A mastectomia foi bem-sucedida e não houve surpresas.

Se Deus não estivesse olhando por mim e me enviado aquele pequeno filhote, eu provavelmente estaria muito pior quando o nódulo fosse encontrado. Do modo como aconteceu, precisei suportar apenas sete semanas de radiação. Estou livre do câncer há três anos e meio.

---

[2] Uma das possibilidades de tradução de "Little Bit". (N. da E)

Desde a remoção do tumor, Little Bit nunca mais farejou meu seio. A verdade é que eu a salvei, e ela me salvou.

Greater Androscoggin Humane Society
gahumane.org

"Fui acordada com um solavanco"

Gloria Wardrum

Em 1956 e 1957, assassinatos em série brutais, de crianças e jovens, aconteceram na região metropolitana de Chicago. Eu tinha 19 anos na época, morava com minha família e trabalhava como contadora. Minha melhor amiga era uma *aeridale terrier* de pelagem encaracolada multicolorida, chamada Ginger. Ela dormia em minha cama, enrodilhada nas dobras de meus joelhos. Nós éramos muito próximas.

Ginger amava todo mundo e sempre cumprimentava cada pessoa abanando a cauda ou dando um beijo, às vezes as duas coisas. Ela era um cão de família, amoroso e amistoso, que nunca encontrou um estranho com quem não simpatizasse – até certa noite de verão.

Depois de voltar do trabalho, eu quase sempre levava Ginger para um passeio. Uma vez, cheguei em casa muito cansada e não tinha a menor disposição para passear, mas o dia estava bonito e Ginger merecia sair. Acabamos num parque perto de casa. O local estava absolutamente deserto, sem viva alma. Era hora do jantar, então não me pareceu estranho que o parque estivesse vazio. Estava tudo muito tranquilo. Sentei-me com as costas apoiadas numa árvore e adormeci, com a guia de Ginger presa a meu pulso.

Fui acordada com um solavanco. Ginger puxava com toda violência possível a guia, esticando meu braço. Ela rosnava de um modo como eu nunca vira antes. O pelo nas costas dela estava todo eriçado. Olhei para onde ela olhava. À distância, um homem se aproximava de nós. Ele segurava uma corda ou algo parecido, retorcendo-a entre as mãos. Ginger estava ficando fora de si. O homem continuou caminhando em nossa direção, e ela continuava puxando a guia, tentando chegar até ele. Quando ele chegou mais perto, ela rosnou furiosamente, mostrando os dentes. Aterrorizada, eu me levantei, não sabendo o que fazer. O sol se punha, estava ficando escuro, e eu sozinha, apenas com meu cachorro, que jamais havia reagido desse modo com ninguém.

O homem parou a uns seis, sete metros de nós, e perguntou:

– Esse cachorro morde?

Respondi rapidamente:

– Pode apostar que sim.

Ginger

Orphans of the Storm Animal Shelter
orphansofthestorm. org

Ele então caminhou em volta de nós, enfurecendo Ginger ainda mais. Ela não tirou os olhos dele por um segundo sequer, e continuou a rosnar. E só se acalmou quando ele se afastou e desapareceu totalmente de vista.

Quando chegamos em casa, contei a minha família o que havia acontecido e não pensei mais no assunto, agradecida por ter Ginger comigo.

Pouco tempo depois, Judith Mae Andersen, uma adolescente de 15 anos, foi assassinada e mutilada. Seu corpo foi encontrado a cinco quilômetros de distância do parque onde Ginger e eu havíamos visto o estranho. Judith Mae foi vista pela última vez voltando para casa depois do anoitecer, após visitar uma amiga.

Eu poderia não estar aqui hoje se não fosse por Ginger. Ela sabia que alguma coisa malévola vinha em nossa direção aquele dia. Sou eternamente agradecida a Deus por tê-la enviado para me proteger.

"Ela sempre teve um sexto sentido"

Judie Noonan Tardiff

Dois ou três meses depois da morte de meu marido, Bob, nosso labrador *retriever* preto, Tyler, se juntou a ele. Então, eu e Hope, a minha afetuosa, protetora, e sempre esfomeada labrador, ficamos sozinhas.

Nove meses mais tarde, por insistência de amigos, comecei a ter alguns encontros. Hope sempre fora amistosa e gostava de conhecer gente nova, mas não estava satisfeita com nenhum de meus pretendentes.

Meu primeiro contato foi um cavalheiro muito bem-apessoado e charmoso, que se esqueceu de que ainda estava casado. Hope rosnou logo que o viu. Ela sabia!

O seguinte foi um treinador de basquete de 180 quilos, que conheci numa reunião social de desconhecidos e que julgou ser apropriado pedir para fazer sexo assim que cruzamos a porta de minha casa. Quando Hope lhe foi apresentada, ela se manteve firme e começou a latir, criando uma barreira de proteção entre mim e ele. Ela continuou latindo até que ele não conseguiu mais aguentar e se despediu. Eu também não estava impressionada com ele.

Quando levei Randy para casa, eu o preveni de que Hope poderia não ser cordial. Eu lhe disse que minha cachorra era meu guarda-costas e poderia parecer feroz, mas não o machucaria. Como de costume, Hope estava junto à porta no momento em que ouviu a chave girar. Eu abri a porta e a cumprimentei com o meu habitual "Olá, Hopie", a mão acariciando sua cabeça. Randy a saudou com um amistoso "oi", e ela logo começou a farejá-lo, o rabo abanando tão rápido a ponto de remexer o traseiro inteiro. Para meu espanto, ele estendeu a mão e ela começou a lambê-la com avidez. Eles ficaram amigos e Hope ficou sentada perto dele pelo resto da noite. Foi amor à primeira vista.

Randy e eu nos casamos dois anos depois. Hope é sua melhor companheira. Ela sempre teve um sexto sentido no que diz respeito à bondade das pessoas. Ela está sempre certa. Acredito que os cães avaliam o caráter das pessoas com mais exatidão do que nós.

Hope

Massachusetts Society for the Prevention of Cruelty to Animals
mspca.org

"Ficamos horrorizados"

Deborah Boies

Nossa "Molly, a Mensageira", como meu marido Bob e eu, em geral, a chamávamos, conservava uma habilidade especial do tempo em que era um minúsculo e atarracado filhote de *doberman* preto e marrom-claro. Ela parecia saber coisas que os nossos outros cães normalmente ignoravam ou simplesmente não viam nem ouviam. Molly estava em contato constante com o seu ambiente, nunca perdendo um detalhe sequer do que acontecia em nossa fazenda de cavalos Morgan.

Por mais que tenhamos tentado, não conseguimos transformar Molly num cachorro caseiro. Ela preferia a liberdade de ir e vir pela fazenda. Era primitiva quando se tratava de patrulhar seu território e aqueles que ela considerava responsabilidade sua, o que incluía todos os que residiam na fazenda. Seus poderes instintivos eram aguçados. Ela estava sempre nos guiando, e eu acredito que também ela estava sendo guiada.

Percebi a habilidade de Molly pela primeira vez uma manhã, logo cedo, quando ela me cumprimentou com algumas sacudidas extras do seu coto de cauda. Ela estava muito ansiosa para que eu fosse imediatamente para o celeiro e me impelia a segui-la olhando para mim, abanando o rabo, correndo na direção do celeiro e voltando para me buscar. Convencida de que eu a seguia, ela correu à frente, apoiou as patas nas barras da janela da segunda baia e ficou olhando com atenção. Ainda nessa posição, voltou-se para mim, indicando-me com um sorriso e sobrancelha erguida para apressar-me. Eu corri e descobri que acabara de nascer um potro que só era esperado para duas semanas depois. Molly, a Mensageira, nos deu a notícia.

Outra vez, à noite, Molly estava nervosa, e não se acalmava. Eu a observava de casa. Ela corria até o celeiro, voltava até a casa, e novamente até o celeiro. Resolvi sair e ver o que estava acontecendo. Molly seguia na frente. Ela me levou até o canto de uma baia, onde uma das gatas, deitada numa pilha de lascas de pinheiro, estava tendo convulsões e agonizando. Molly, a Mensageira, nos comunicou que alguém estava com problemas.

Embora a extraordinária percepção de Molly em geral tivesse o objetivo de nos avisar que alguma coisa estava acontecendo com um dos animais, nem sempre era esse o caso. Uma noite de verão, sua atenção voltou-se para nós. A noite já passava da metade. Bob e eu estávamos na cama, quando ouvimos arranhões nervosos na porta da garagem. Imaginei que fosse Molly e levantei para repreendê-la – para dizer que tudo estava bem e que ela podia relaxar e parar de estragar a porta. Bob me seguiu. Quando abri a porta, ficamos horrorizados; no mesmo instante, ouvimos uma explosão que sacudiu a casa inteira, seguida de um clarão que tomou toda a garagem. Molly passou em disparada por mim e eu corri atrás dela. Ao chegar ao corredor no meio da casa, senti um cheiro forte de queimado. Com Molly na frente, Bob e eu percorremos a casa para examinar se havia algum início de incêndio. O que descobrimos foi que um raio havia atingido a árvore ao lado de nosso quarto. A descarga destruiu a árvore, projetando lascas que eram verdadeiras lanças, através das telas fixas nas janelas do quarto.

Na manhã seguinte, vendo a faixa negra que se estendia do que antes fora uma árvore até o canto da casa e nosso quarto, ficou claro o que havia acontecido. Se Molly não tivesse arranhado insistentemente a porta, estaríamos em nosso quarto no momento da queda do raio.

Infelizmente, perdemos Molly cedo demais. Ela tinha apenas 7 anos quando expirou. A lembrança dela, porém, continua viva. Seu coto de rabo ainda abana em minha mente, e a dádiva que ela nos deu é inestimável. Confie nos seus instintos; eles não se enganam, pois a orientação que recebem provém de dimensões espirituais.

Molly

Pilots N Paws
pilotsnpaws.org

"Todos na sala se surpreenderam"

Kay Neslage

Arnie era a presença divina, cheia de graça e de alma, de um labrador *retriever* cuja ação preferida era visitar crianças em estado terminal. Se ele mesmo pudesse dirigir até o hospital, sem dúvida iria sem mim.

Eu administrava um centro de reabilitação de pacientes domiciliares quando Arnie e eu começamos a trabalhar juntos em terapia com cães. Na época, essa modalidade terapêutica era considerada uma forma de recreação, nem sempre tendo seus benefícios médicos, emocionais e físicos reconhecidos. Arnie passou por um programa de treinamento na Therapy Dogs International e começou a trabalhar na minha unidade em Lubbock, Texas. Sua função consistia em ajudar pessoas que convalesciam de doenças e acidentes a melhorar suas condições físicas. Em resumo, Arnie jogava muita bola com os pacientes.

Tivemos muitos momentos surpreendentes durante o tempo que ficamos juntos, mas me convenci de que uma presença divina guiava Arnie quando trabalhávamos com um menino de 3 anos, chamado Trey, afetado por tumores cancerosos no cérebro.

Trey morava no Novo México. Depois do diagnóstico, o pai abandonou a ele e à mãe, Becky. Eles foram encaminhados para o Covenant

Children's Hospital, em Lubbock, para os tratamentos necessários. Quando Arnie e eu conhecemos Trey e Becky, eles estavam sozinhos e longe de casa.

Arnie e Kay

Highland Lakes Society for the Prevention of Cruelty to Animals
highlandlakesspca.org

A empatia entre Arnie e Trey foi imediata. Nossa primeira visita consistiu em algumas brincadeiras no chão do quarto do hospital. Arnie se deitou perto de Trey, que dividiu com ele seus brinquedos e lápis coloridos. Depois de observar a interação entre os dois, a oncologista, dra. Melanie Oblender, considerou Arnie um instrumento adequado para avaliar as funções cerebrais de Trey, através da análise de suas reações ao cão. Ela também percebeu que Arnie era um sedativo tanto para Trey como para sua mãe, depois da série de tratamentos e de muitos dias de sofrimento. Ela nos pediu que os visitássemos regularmente. Foi um prazer para nós.

Todos os dias, quando cruzávamos a porta do quarto de Trey, éramos recebidos com sorrisos e guloseimas, como bacon e salsicha, que Trey reservava de suas refeições para o Arnie. Essa pequena família de dois não tinha praticamente nada, no entanto era generosa e cheia de amor. Nunca ouvi uma única palavra negativa de Trey. Ele estava sempre alegre, mesmo com toda a dor dos tumores e da terapia. Ele nunca se queixava de dor, de fome, da saudade de casa ou de seu sofrimento. Mas falava de seu amor a seu próprio cachorro, um *pit bull* chamado Desastre, e ao personagem do desenho animado Scooby-Doo. Cada vez que nos despedíamos, ele dizia a Arnie o quanto o amava.

Num dia difícil de esquecer, dra. Oblender pediu que fôssemos à unidade de terapia intensiva pediátrica do Centro Médico Universitário. Fui informada de que Trey estava em coma. A dra. Oblender queria a presença de Arnie para ajudá-la a monitorar as funções cerebrais de Trey quando ele saísse do coma. Arnie nunca havia estado na UTI desse hospital; no entanto, quando entramos na unidade, com seu longo corredor, ele ignorou todos os quartos e foi direto àquele onde Trey estava ligado a diversas máquinas.

Arnie se aproximou, saltou para cima da cama alta e deitou atravessado sobre o peito de Trey e sobre os fios, cabos e tudo o mais. Todos na sala se surpreenderam. Não era de sua índole agir assim. Ao entrar num quarto, ele habitualmente examinava o ambiente, farejava ao redor da cama e só então se dirigia ao paciente. Dessa vez, ele fugiu ao padrão. Eu o afastei, posicionando-o ao lado do amiguinho, mas ele se recusou e colocou as grandes patas e a cabeça sobre o peito de Trey, insistindo em mantê-lo deitado. A médica estava lá e me orientou a deixá-lo agir como quisesse. Ela acreditava piamente que Arnie sabia o que estava fazendo. Naquele momento, Trey teve a primeira crise.

Quando a equipe médica entrou no quarto, Arnie pulou da cama e se sentou perto da porta. Enquanto as enfermeiras realizavam a sua tarefa, dra. Oblender, Becky e eu chorávamos. Nossas lágrimas verteram súbitas e copiosas. Nós três sabíamos o que tínhamos visto. Arnie havia sentido o que todos os monitores não conseguiram detectar, e, no momento em que a ajuda chegou, ele se afastou.

Aproximadamente seis meses depois, dra. Oblender me telefonou para dizer que tudo o que era possível fora feito e que Trey voltaria para o Novo México, onde ficaria numa casa de repouso para doentes terminais. Fomos fazer-lhe uma última visita e nos despedir. As portas da ambulância foram abertas e Trey foi colocado numa maca. Sem hesitar, Arnie pulou atrás dele. Era como se ele soubesse que essa seria a última vez que estariam juntos. Depois que Trey partiu, Arnie entrou em depressão. Procurei reanimá-lo, mas de nada adiantou. Eu tinha certeza de que ele sentia a morte iminente de Trey.

Algumas semanas depois, Trey foi vencido pelo câncer. Arnie sentou-se perto de Becky durante o enterro, oferecendo-lhe o amor confortador que somente um anjo pode oferecer.

Quando trabalhamos com pessoas doentes, o sofrimento envolvido afeta a todos. Arnie e eu estivemos com crianças de todas as raças e condições econômicas, e ele entrou em cada quarto com a mesma atitude e disposição. Ele não julgou ninguém pela idade, raça ou aptidão. Seu amor e compaixão eram incondicionais. Arnie foi uma lição de amor perfeito para todos nós.

"Eu disse que lhe daria um sinal de meu amor quando morresse"

Joyce Cutten

Meu marido, Bill, morreu em setembro de 1996. Antes de sua morte inesperada, perguntávamo-nos seguidamente se haveria comunicação após a morte. A nossa relação era muito harmoniosa, o que talvez seja natural depois de sessenta anos de convivência. Mas ele era totalmente cético com relação a essa questão de "vida após a vida".

Em várias ocasiões, sugeri-lhe que, quando um de nós morresse, deveríamos tentar nos comunicar com o que ficasse para trás. Ele dizia que era bobagem, mas concordou com a ideia.

Antes que qualquer coisa dessas acontecesse, uma família veio morar numa casa na frente da nossa, no outro lado da rua. Eles tinham uma pequena *rough haired terrier* chamada Skye. Ela tinha 9 anos e, posso afirmar, não era nenhuma beleza canina.

Às vezes, Skye entrava em nosso jardim com uma bola na boca e com olhar suplicante convidava Bill a lançar a bola para que ela a buscasse. Bill atendia ao pedido, e eles se tornaram grandes amigos. Observei-a muitas vezes apoiar o focinho no joelho dele e fitá-lo amorosamente. Ela não entrava em casa, e nós não lhe dávamos comida, pois não queríamos afastá-la da família. Às vezes, como petisco, nós lhe dávamos um osso para roer, mas era tudo. Penso que ela era solitária. Ela me agradecia abanando a cauda, mas era Bill que ela adorava e com quem até flertava. Nós sempre havíamos amado cães, mas essa era a primeira vez que um deles nos adotava de verdade.

Em pouco tempo, Skye já deixava sua casa de manhã cedo e vinha passar o dia conosco, brincando com Bill enquanto ele trabalhava no jardim. Ela voltava para casa para cumprimentar a família quando seus donos chegavam do trabalho e para receber sua refeição.

De forma inesperada, certo dia Bill caiu doente e precisou ser levado para o hospital de ambulância. Skye passou a acampar no capacho da entrada e se recusava a abandonar o local. Com um semblante triste, ela apoiava o focinho sobre as patas e ficava me olhando. Ela sabia que Bill estava para morrer. Sua expressão triste me dizia tudo. Eu não conseguia imaginar como ela sentia o que havia acontecido.

Skye me ignorou até o dia em que Bill faleceu. Desse dia em diante, ela se instalou na frente de casa e não quis mais sair. No dia do enterro, muitos familiares e amigos vieram até nossa casa tomar um chá e apresentar condolências. Para entrar, todos tiveram de passar por cima da minha guardiã.

Recebi o sinal definitivo de Bill na primeira manhã depois dos funerais, quando Skye me deu um presente, que depositou a meus pés com muito amor nos olhos. Era a noz-de-cola de um eucalipto plantado no jardim onde ela e Bill haviam brincado diariamente. Todas as manhãs, Skye me trazia um presente logo que descobria que eu havia levantado: sempre uma noz-de-cola ou uma folha de eucalipto. Para mim, o presente era de Bill. Ele era um homem quieto e Skye sabia que ele estava bem. Era algo milagroso. Era como se ele estivesse me dizendo: "Eu disse que lhe daria um sinal de meu amor quando eu morresse."

Skye foi compreensiva e compassiva comigo depois da morte de Bill. Ela não deixava passar um dia sem o gesto amoroso de um presente. Ela nunca esperava que eu o jogasse longe para que fosse buscá-lo; tratava-se, claramente, de um presente de Bill por intermédio dela. Embora não tivesse sido eu a pessoa com quem ela brincava, ela se instalou, dia e noite, no capacho diante da porta, como minha guardiã. E foi lá que ficou até morrer. Algumas semanas depois do falecimento de Bill, o dono de Skye a levou para um passeio numa rua movimentada, sem guia, e ela foi atropelada.

Agora acredito que o amor de um cão por um homem pode estender-se para o outro melhor amigo do homem, sua esposa. Eu vivi essa experiência. Também sei que somos abençoados na vida por pessoas e por animais de estimação. Sem a menor dúvida, eu fui uma dessas pessoas abençoadas.

Dog's Refuge Home
dogshome.org.au

"Se não houver cães no céu, não quero ir para lá"

Glenwood McNabb

Sou professor e diretor aposentado de uma escola secundária e vivo sozinho há bastante tempo. Durante muitos anos, minha companheira constante foi uma *keeshond* chamada Cinder. Ela era uma velhinha afetuosa, que amava crianças e animais e gostava de passear de carro. Nós visitávamos os amigos várias vezes por semana e às vezes, chegado o momento de ir para casa, ela se recusava a se despedir. Ela queria ficar e brincar com meus amigos e seus bichinhos de estimação. Nesses dias, eu a deixava passar a noite com eles. Na manhã seguinte, ia buscá-la e ela estava sempre pronta a voltar para casa. Essa era uma das muitas coisas que ela fazia e que me divertiam.

Quando Cinder estava com 15 anos, uma amiga minha, sabendo que a minha convivência com ela não se prolongaria por muito tempo, deu-me uma filhote de lulu-da-pomerânia de seis semanas, a que dei o nome de Zoey. Eu a coloquei ao lado de Cinder, para ver como ela reagiria à minúscula bola de pelo. Cinder nunca tivera uma ninhada sua, mas seus instintos maternais se manifestaram quando ela lambeu a filhotinha da cabeça aos pés e, inclusive, deixou que ela tentasse mamar. Cinder e Zoey se tornaram inseparáveis.

"Mamãe Cinder", como eu a chamava, ensinou muitas coisas a Zoey – tantas coisas que a personalidade de Zoey começou a espelhar a da velhinha. Uma das lições mais impressionantes era ver Cinder mostrar a Zoey os limites do quintal. A área dava para um cemitério e não era cercada. Cinder dava muitas e muitas voltas pelo perímetro com Zoey, mostrando-lhe o território delas. Zoey aprendeu a lição e nunca ultrapassou a divisa, a não ser quando eu a levava para passear.

Quando íamos passear, cortávamos o caminho pelo cemitério para visitar uma amiga que morava nas proximidades. Zoey caminhava a meu lado, não mostrando nenhum interesse pelas flores e outros objetos decorativos sobre os túmulos.

Fazia nove meses que Zoey estava conosco quando chegou o temido dia em que eu precisei me despedir de minha velha amiga Cinder. Fiz uma caixa e cavei um buraco no fundo do quintal, perto do cemitério. Deixei Zoey fechada dentro de casa, enquanto enterrava sua "mãe" Cinder, e cobri a cova.

Zoey ficara me observando realizar essa triste tarefa da janela e latia querendo sair. Eu abri a porta e ela correu diretamente para a cova. Eu continuei limpando a área e, depois de algum tempo, percebi que Zoey havia desaparecido. Fiquei me perguntando se a morte fora demasiado traumática para ela. Ela tinha se assustado e fugido? Ela nunca havia deixado o quintal sozinha. Eu perderia também essa amiga?

Minha preocupação acabou quando Zoey apareceu alguns minutos depois com um buquê de flores artificiais na boca. Ela se aproximou devagar e colocou as flores delicadamente no túmulo de Cinder. Ela sabia. Compreendia.

Passamos muitas vezes pelo cemitério desde aquele dia, seis anos atrás, e Zoey nunca mostrou nenhum interesse pelas flores. Ela só precisou de um buquê naquele dia particular, para homenagear sua "mamãe".

Os cães compreendem a morte? Eles têm uma alma? Eles vão para o céu? Sempre acreditei nisso, mas esse acontecimento confirmou que todas as criaturas de Deus, humanas e animais, têm uma alma e que todos nos reuniremos no céu. O pastor da igreja que frequento disse-me certa vez: "Se não houver cães no céu, não quero ir para lá." Faço minhas as palavras dele.

Cinder e Zoey

Farmington Pet Adoption Center
farmingtonpet.org

"A mulher ficou aterrorizada"

Bruce Skakle

Era um dia quente de verão de 2010, e os meus acolchoados cheiravam a cachorro molhado depois de muitas idas divertidas à praia. Resolvi procurar a lavanderia mais próxima em Bucksport, Maine, levando comigo minha *golden retriever* de 2 anos, Ziva.

Depois de colocar os acolchoados na máquina, Ziva e eu fomos dar uma volta pelo caminho calçado de um quilômetro e meio, paralelo ao rio Penobscot. O lugar estava cheio de turistas, todos aproveitando o belo dia de verão.

No momento em que eu estava para pôr a coleira e a guia em Ziva, ela percebeu uma gaivota num dique próximo e deve ter imaginado que devia caçá-la. Ao mesmo tempo, vi uma mulher ajudando o filho a descer de uma van. Olhei para Ziva e para a mulher, e vi que ela e o menino seguiam na direção do dique. Não sei quem viu quem primeiro, mas Ziva percebeu que lá estava uma criança com quem poderia brincar, e começou a correr na direção deles. A mulher ficou aterrorizada. Ela agarrou o filho e o segurou no colo. Eu gritei para Ziva parar e sentar; ela obedeceu no mesmo instante.

Ziva era uma boa garota, e ficou onde estava enquanto eu explicava para a mulher que ela amava crianças e não machucaria uma mosca. A mãe me disse que o filho de 5 anos era autista e nunca tivera contato com animais. Segundo ela, ele ficaria traumatizado caso se aproximasse de um cachorro.

Pessoalmente, eu não conseguia acreditar que uma criança chegasse aos 5 anos sem brincar com um cãozinho ou um gatinho. Mas garanti ao menino, que não falava nada, que a cachorrinha era amiga e que eu não a deixaria chegar perto dele. Eu estava dizendo isso quando Ziva começou a se arrastar de barriga na direção do menino. Ao se aproximar dele, ela rolou de costas. Eu acariciei a barriga dela, mas não era o que ela queria. Ela queria chegar até o menino.

A mãe observava com olhar protetor. O filho não tinha medo; pelo contrário, agitava entusiasmado os braços para Ziva. Notei que a mãe falava com ele através de sinais. Eu disse a ela que Ziva conhecia a linguagem de sinais e podia exibir várias habilidades, como sentar, deitar, cumprimentar com as patas e fazer "bate aqui".

A mãe, então, fez os sinais, Ziva representou, e o menino foi se empolgando ainda mais. Ele começou a estender a mão para Ziva e parecia querer tocá-la. Por isso, eu me preparava para afastá-la dele, mas ele tocou-lhe a cabeça, retirou a mão rapidamente e logo a tocou de novo. Em seguida, ele sacudiu os braços exultante.

Eu disse então à mãe que Ziva poderia falar se fosse instruída a fazê--lo com um sinal de mão, e sugeri que talvez o menino pudesse fazer esse sinal. A mãe fez o sinal de "falar" e Ziva latiu levemente. O menino se assustou um pouco, mas logo se reanimou. A mãe fez o sinal novamente e disse "fale" para Ziva; ela voltou a latir. A mãe fez isso mais quatro vezes. Eu lhe perguntei se o filho poderia imitá-la.

A mãe mostrou ao filho como fazer o sinal de "falar", e, depois de algumas tentativas, ele conseguiu fazer Ziva "falar". O que aconteceu em seguida foi extraordinário. A criança, que não havia dito uma única palavra, fez o sinal de "falar" e Ziva latiu. Em seguida, ele disse "fale", com a clareza que lhe era possível. A mãe olhou espantada e me perguntou:

– Zack disse isso? – Ela olhou para mim e em seguida para o menino. – Zack disse isso? – ela ficou repetindo.

Eu lhe disse que sim. Então o menino fez sinal para Ziva falar, dizendo novamente:

– Fale.

Nesse momento, a mãe estava quase histérica, e as pessoas se juntavam para ver se o cachorro havia mordido a criança. Ela disse:

– Nossa! Meu filho acabou de dizer sua primeira palavra.

Em seguida, vi a mãe pegar o celular e falar com o marido, que estava a uma hora de distância. Eu nunca tinha visto uma pessoa tão deslumbrada quanto essa mãe. Ela tentava explicar para o marido o que havia acontecido, mas ele com certeza não estava entendendo. Então ela pôs o telefone perto de Zack e pediu-lhe que fizesse o cachorrinho falar. Ziva, que devia achar que essa era uma ótima brincadeira, latiu novamente. Zack então disse:

– Fale.

Dessa vez, o pai entendeu.

Vi como a mãe falava entusiasmada com o marido, e então olhei para baixo. Zack estava com os braços em torno do pescoço de Ziva e a abraçava com a força que podia.

Quando desligou o telefone, a mãe comentou que Zack estivera fazendo terapia da fala desde os 18 meses de idade. Além de grunhidos, gritos e alguns outros sons, ele nunca tentara dizer uma única palavra que fosse. Ela disse que os especialistas a haviam alertado de que crianças autistas não podiam fazer contato emocional com animais. Disseram-lhe, também, que Zack podia bater ou machucar um animal, e era por isso que ela e o marido o haviam mantido distante de qualquer animal. Disse, ainda, que assim que chegassem em casa, iriam até um abrigo em busca de um *golden retriever*.

Quando eles foram embora, eu disse a Ziva que ela era uma boa garota e a levei para tomar um sorvete de baunilha. Como de costume, ela se interessou mais por um esquilo que estava numa árvore próxima do que por sua casquinha de sorvete.

Por pouco não deixei de levar aqueles acolchoados malcheirosos para lavar naquele belo dia de verão. Para mim, o que aconteceu foi uma intervenção divina, e fiquei muito, muito feliz. Ziva pode ser minha cadela, mas é um presente de Deus para todos nós.

Ziva

Bangor Humane Society
bangorhumanesociety.com

Little Bit

UnderDogs
saveunderdogs.com

"Se o meu cachorro te ama, eu te amo"

Sharon Murray

Little Bit era um *yorkshire terrier* de 4 quilos, de cor azul e dourada, que me ensinou mais sobre as pessoas do que eu aprendi em 28 anos de vida antes dele. Ele me adorava e estava sempre a meu lado.

Ele era tão dedicado que, quando sentia que eu estava para ter um ataque epilético, latia para me avisar. Se não houvesse ninguém por perto, ele imitava o que havia visto outros fazerem para mim durante a crise. Ele envolvia meu pescoço com seu pequeno corpo, amortecendo a minha cabeça e protegendo-a durante as convulsões. Depois de um desses acessos, às vezes ele ficava mancando durante dias, machucado, evidentemente. No entanto, isso não o impedia de fazer a mesma coisa num episódio seguinte.

Little Bit também me protegia das pessoas. Ele nunca simpatizou com o meu noivo, e nunca entendi por que, até me casar. Ele era extremamente agressivo. As agressões eram verbais e físicas, e se estendiam a Little Bit, que uma vez foi jogado contra a parede quando tentou me defender.

Eu acabei me divorciando, mas entrei imediatamente em outro relacionamento péssimo. Dessa vez me deixei guiar por Little Bit, que expunha o que achava com muita clareza. Quando o homem passava a noite comigo, Little Bit fazia cocô dentro dos sapatos dele, como uma bela surpresa matutina. Se eu deixava a porta do quarto aberta, ele fazia xixi no travesseiro do homem e depois se enrolava e adormecia no meu. Eu entendi a mensagem e terminei o relacionamento.

Quando conheci Donnie, eu o preveni de que, se ele quisesse conquistar meu coração, teria de conquistar o coração de meus quatro *yorkshires*. Expliquei que Little Bit seria o mais durão. Donnie e eu só nos víamos uma sexta-feira sim, outra não, durante alguns meses, e, quando ele chegava, Little Bit o recebia à porta com o rabo abanando e sua bola favorita na boca. Donnie jogava bastante bola com ele. E quando Donnie se deitava, Little Bit deixava sua almofada de lado e se mudava para o pé da cama, no lado de Donnie. Little Bit encantou-se com Donnie – com patas, garras e pelos. Donnie o conquistou apenas sendo ele mesmo.

Little Bit viveu com Donnie e comigo por outros cinco anos, até que morreu com quase 20 anos. Ele morreu sabendo que eu estava em boas mãos. Sou muito agradecida por ele ter me ajudado a escolher o homem certo com quem casar e passar o resto de minha vida.

Descobri com Little Bit que eu não sabia avaliar um caráter corretamente, apesar de achar que sabia. Aprendi a confiar nos meus animais, especialmente em Little Bit, porque descobri que eles são capazes de sentir a verdadeira natureza de uma pessoa. Até hoje, quando se trata de pessoas, confio mais nos meus cães do que em mim mesma. No meu caso, o que prevalece não é "Ame a mim e ao meu cachorro", mas "Se o meu cachorro te ama, eu te amo".

Cura

Recuperação do equilíbrio

NickDingo

Há cães que entram em nossa vida não porque os desejemos ou precisemos deles, mas porque ninguém mais os quer. São cães desestruturados e sofridos. Eu passei a ver esses cães como presentes que nos são dados com um objetivo específico: formar o nosso caráter.

Tive alguns desses cães. Um deles, em particular, me foi enviado para me ensinar a ter paciência e para ajudar a me curar.

Eu trabalhava como produtora e repórter para a CNN em Atlanta, e sempre viajava para o Maine, minha base de operações. Minha irmã Katy, profundamente comprometida com o resgate de animais, morava em Atlanta na época. Eu estava pronta para viajar ao Maine para o Natal, quando Katy me telefonou dizendo que havia encontrado um cachorro na Georgia 400, uma rodovia de doze pistas. Tratava-se de um *basenji* mestiço jovem, de pelagem toda preta. Acrescentou que ele estava assustado e com fome. Katy havia apontado sua mira para mim e não desistiria facilmente.

Eu já tinha um cachorro e estava satisfeita assim. Pedi-lhe que não me envolvesse em problemas, mas quem diz que ela me ouve? Ninguém da família podia se dar ao luxo de ter só um cachorro.

Coloquei o cachorro numa caixa de transporte e o levei no avião comigo, surpreendendo meu companheiro, Jim. Dei-lhe o nome NickDingo, em atenção a São Nicolau[3] e por sua semelhança com um dingo australiano.

Às vezes acabamos donos de um cachorro com a síndrome da ansiedade de separação. Resumindo, ele assume um comportamento excêntrico assim que o deixamos sozinho. Digo por experiência própria, não é coisa bonita de se ver.

Eu gostava realmente da minha casa. Amava as minhas cadeiras estofadas e o sofá de cor pastel – sem pelos de cães e gatos. Meu "filho" único na época, Philophal, um cruzamento de *terrier* com *poodle*, não soltava pelo. A vida era administrável e limpa.

Na minha primeira volta para casa depois da entrada de Nick em cena, fiquei horrorizada ao entrar na sala de estar. Tinha sido transformada num caos. O sofá e as cadeiras haviam sido estraçalhados. Olhei para Philophal; ele olhou para mim apavorado, como dizendo: "Não fui eu! Esse cachorro é louco!" Acabei soltando um berro. As orelhas de Nick se achataram enquanto ele corria para trás do que restara do sofá.

Os treinamentos começaram. Petiscos foram providenciados. Eu me arrisquei a ir ao correio por dez minutos. O sofá foi novamente destruído. Dessa vez, Nick fez o favor de abrir o zíper das almofadas com os dentes, antes de tirar o enchimento.

Prendi-o num caixote. Ele forçava com as patas para sair. Tranquei-o no porão. Prejuízo da porta. Eu estava presa em minha própria casa com esse cachorro que eu não quisera. Mal conseguia falar com minha irmã. Eu não tinha nem queria ter paciência. Eu era repórter de TV e precisava cumprir prazos todos os dias. Não havia tempo para paciência na minha vida.

Foi então, com 32 anos, que recebi o diagnóstico de tumor canceroso na medula óssea.

Fui operada. Os médicos retiraram o tumor, classificaram-no como osteossarcoma, um tumor ósseo maligno, e me adiantaram que eu perderia a perna. Quatro dias depois, quando já me preparava para um ano

---

[3] Em inglês, Saint Nick. (N. da E.)

de quimioterapia, aconteceu um milagre. Os resultados dos exames de DNA chegaram do laboratório e mostravam que o tumor, embora se mostrasse maligno em algumas lâminas, era na verdade benigno.

Recebi alta para me recuperar em casa. Meu belo e amoroso garoto, Philophal, esperava por mim; e havia Nick. Eu estava emocionalmente abatida e fisicamente esgotada. Para completar, a cirurgia me deixara incapacitada, e eu precisava aprender a caminhar novamente. E como desgraça pouca é bobagem, meu relacionamento pessoal estava se desintegrando. Eram desafios suficientes em minha vida.

Nick deve ter entendido, porque soube enfrentar a situação, deixando de se considerar vítima e assumindo a postura de vencedor. Ele teve então oportunidade para retribuir o seu resgate e me assumiu como um desafio. À noite, resolveu dormir aconchegado a minha perna, passando-me sua energia e calor. E todas as manhãs, enquanto eu ficava na cama revolvendo-me em minha desgraça, ele ficava por perto, sempre me cutucando com o focinho. Eu fechava os olhos, sem querer me mexer, mas ele não me deixava sossegar. Quando as focinhadas não produziam resultado, ele começava a me tocar com a pata. Eu me virava de lado para me afastar dele. Então ele ficava nas minhas costas e não desistia até que eu descesse as escadas mancando e saísse ao sol para saudar o nôvo dia.

E Nick era atencioso. Ele começou a me trazer presentes do campo congelado – alguma coisa que ele mesmo havia feito. Nós os chamávamos de "cocô-picolé". Quando eu recusava esses presentes e os deixava do lado de fora da porta, ele os comia. Que sujeito!

Nick acabou se tornando um bom cachorro e um ótimo amigo. Ele deixava sua ansiedade da separação à porta no instante em que parava de pensar em si mesmo e voltava a atenção para mim. De minha parte, parei de preocupar-me com o que eu não tinha e passei a valorizar tudo o que eu tinha. Eu me defrontara com a minha mortalidade e compreendera que a vida era boa enquanto eu tivesse comida, abrigo e um cachorro a meu lado. Juntos, Nick e eu havíamos alcançado a cura.

Adam, Mazie e Adrian

Freedom Service Dogs
freedomservicedogs.org

"A vida sempre pode recomeçar"

Freda Powell

Sou mãe de dois meninos gêmeos autistas de 12 anos. Adam e Adrian enfrentam desafios sociais e emocionais desde o berço. Além disso, sou surda. Em outubro de 2008, a minha vida se desestruturou quando o herói de Adam e de Adrian, meu filho mais velho, Justin, conseguiu um emprego como guarda de segurança. Ele estava empolgado. Ao mostrar a arma para alguns amigos durante uma festa, ela disparou acidentalmente e o matou. Ele tinha 24 anos.

Nós simplesmente deixamos de viver. Eu não saí da cama e muito menos de casa durante semanas. Me afastei das pessoas e todos os dias me esforçava ao máximo para encontrar a mim mesma. Eu estava sozinha. Adam e Adrian enfrentavam um momento difícil em casa e na escola. O pessoal da escola me telefonava diariamente para se queixar do comportamento deles. A medicação não ajudava. As duas sessões semanais de terapia não ajudavam. Eu não sabia como ajudá-los. Estávamos todos passando pelos muitos estágios da dor e do luto.

Passou-me pela cabeça a ideia de ter um cachorro. Antes do nascimento dos gêmeos, eu havia trabalhado como assistente social e como defensora da causa das pessoas deficientes. Jamais, em milhões de anos, eu imaginaria que fosse aplicar o conhecimento adquirido no emprego ao cuidado com meus próprios filhos. Você pode imaginar meninos gêmeos com deficiência, lidando com a morte do irmão? Às vezes era um pesadelo. Eles tinham ataques de fúria e momentos de alienação. No mercado, sentavam-se no piso, cruzavam os braços, irritados, e se recusavam a falar. Então, eu precisava deixar o carrinho de compras, recolhê-los e levá-los para casa. Ao longo dos anos, eu havia tentado muitas coisas para ajudar Adam e Adrian a superar as dificuldades, mas eram poucas as soluções para auxiliá-los mental e socialmente. Tive o palpite de que um cão poderia facilitar as coisas.

Eu me inscrevi no Freedom Service Dogs (FSD), uma entidade beneficente que resgata cães de abrigos e os treina para ajudar pessoas com deficiências. Seis meses depois, fomos aprovados para ter um cão de serviço conduzido por um adulto. Isso significava que eu seria a única condutora e treinadora, porque os meninos não tinham 16 anos de idade, a idade legal exigida para conduzir um cão de serviço sozinho. O Freedom Service Dogs também alertou que era necessário encontrar um cachorro condizente com nossa situação familiar, por isso não trabalhavam pelo sistema de ordem de chegada. A organização realmente queria encontrar um cachorro que combinasse com nosso estilo de vida e com nossas necessidades, um cachorro que pudesse viver em apartamento, que gostasse de crianças, que pudesse ser treinado com facilidade, que tivesse um temperamento calmo, e muitas outras coisas de que precisávamos e pedíamos. Em outras palavras, estávamos pedindo um cão perfeito. Lembro que pensava comigo mesma: "Meu Deus, nunca vamos conseguir um cão que faça tudo isso. Nenhum cachorro é tão perfeito!" Eu estava enganada.

Mais seis meses se passaram, e fui apresentada a uma labrador *retriever* amarela, de 1 ano e meio, chamada Mazie. Nosso treinamento juntas começou imediatamente, todos os dias, durante cinco horas, por um período de duas semanas. Foi complicado para mim inicialmente, porque eu precisava sair de casa, dirigir e aparecer em público. Mas, quando eu via Mazie, meu coração palpitava. Comecei a chegar cedo para que pudéssemos ficar sozinhas. Eu alisava sua pelagem e falava com ela. Ela respondia fazendo tudo o que eu pedisse, e ainda mais. O treinamento era uma diversão. Eu precisava memorizar 45 comandos. Mazie às vezes executava a tarefa antes que eu desse o comando. Ela lia minha mente. Era fantástico. Tornamo-nos uma ótima equipe. Durante o tempo em que fiquei sozinha com ela, aprendi a relaxar, não só como pessoa, mas como mãe e amiga. Mazie me mostrou que não se incomodava com a minha carga.

Na formatura, fiquei sabendo que Mazie fora deixada num abrigo com apenas 8 meses de idade. Depois, ela participara de um programa de reabilitação numa penitenciária feminina no Colorado, onde fora treinada por uma das internas. O Freedom Service Dogs, então, a trouxera para o seu programa.

No início, os meninos não sabiam como agir com Mazie. Adrian tem dificuldade de se relacionar e de manifestar suas emoções. Ele ficava longe dela a maior parte do tempo. Ele não queria acariciá-la nem sair com ela. Adam, por outro lado, não se separava dela. Ela quase sempre dormia com ele. Quanto a mim, ela transformou o meu mundo.

Em pouco tempo, eu estava rindo tanto que chegava a chorar, pulando durante os passeios e dormindo melhor com ela perto de mim. Sua presença em público era o que mais me ajudava. Ela estava sempre calma. Eu quase a invejava. Ela sentia que eu ficava tensa quando as pessoas se aproximavam muito e lambia a minha mão ou me tocava com o focinho, olhando-me nos olhos, lembrando-me que ela estava lá.

Mazie demonstrou aceitação ficando a meu lado mesmo quando eu sofria ou me irritava. Ela apoiava a cabeça no meu colo, lambia minha mão e me olhava nos olhos. Ela era compassiva quando eu chorava. Seu semblante mudava, quase como se estivesse chorando comigo. Ela ficava me fuçando quando eu estava estressada. Tolerava o meu hábito de fumar quando eu estava chateada, mostrava alegria quando eu estava contente, abanando o rabo e saltando, e demonstrava compreensão quando eu estava cansada demais para fazer qualquer coisa. De algum modo ela aprendeu a recolher seus brinquedos e a colocá-los na caixa, sabendo que eu precisava daquela ajuda extra para ter todos os afazeres domésticos feitos. Justin fazia isso em criança, quando eu limpava a casa depois de um longo dia de trabalho.

Mais do que tudo, essa cadela sabia, de algum modo, que eu não era eu mesma. Era como se ela perscrutasse minha alma e soubesse que, no mais profundo de meu ser, eu era amorosa, feliz e dócil. Eu não merecia o amor dela. Como ela podia amar alguém como eu, com toda a bagagem emocional, conflitos, problemas e raiva que me acompanhavam? Eu tinha a impressão de que ela sabia como eu era antes da morte do meu filho. O dia em que ela recolheu os brinquedos e os colocou na caixa foi o dia em que eu podia jurar que Justin estava lá em algum lugar. De fato, ela havia nascido apenas algumas semanas depois da morte dele.

Sua capacidade intuitiva de se comunicar me assombrava. Normalmente, cães de serviço tocam uma campainha presa na porta para que seus donos saibam que eles precisam sair. Mazie, de algum modo, sabia a respeito da minha deficiência auditiva e resolveu aparecer com sua própria solução. Ela pegava as minhas meias e as colocava no meu colo, como dizendo:"Calce as meias e os sapatos, que eu preciso sair."

Mazie já estava conosco havia quatro meses. Ela era fantástica com os meninos, instigando-os e dando-lhes dicas quando estavam distraídos, perdendo tempo ou esquecendo coisas. Ela estava fazendo seu trabalho – tocando sinos, abrindo portas, puxando cobertores para acordar os meninos e mesmo advertindo-os para se comportarem à mesa. Ela conseguia que eles fizessem coisas que eu não conseguia. Era algo como ter uma segunda mãe, mas melhor! Agora eu podia levar os meninos às compras sem o risco de crises emocionais.

Eles estavam focalizados em Mazie, que os impedia de ficar ansiosos perto de outras pessoas. Se alguém se aproximasse muito deles, ela intervinha, aproximando-se deles e deixando um espaço entre eles e o estranho. Ela era magnífica fazendo seu trabalho. Mesmo com tudo isso, porém, eu não via formar-se um vínculo com Adrian. Adam e Adrian sempre tiveram muita dificuldade para iniciar relacionamentos e mantê-los. Eu esperava que Mazie ajudasse a mudar isso. Eu tinha dúvidas de que isso estivesse acontecendo. Embora ela estivesse fazendo maravilhas por mim, eu me perguntava se ela fora uma boa decisão para a família.

Uma noite, a minha pergunta teve resposta.

Os meninos haviam ficado algum tempo brincando fora. Adrian – meu filho irritado, desconfiado e retraído – entrou, incomodado com as crianças com quem ele estivera. Adrian é vítima de *bullying* desde o jardim da infância. Ele nasceu com apenas parte do polegar e sem dedos na mão direita. Ele nunca entendeu por que as pessoas são malvadas com ele. Nessa noite em particular, ele entrou e descreveu as outras crianças como cruéis e más, e disse que queria se vingar. Disse, ainda, que odiava sua vida, que odiava a todos, que não via benefício em fazer amizades ou em ser bom. Como mãe, não só fiquei preocupada, mas alarmada. Meu filho queria devolver na mesma moeda e se vingar dos outros para se sentir melhor. Essa não era uma opção!

Pus Adam na cama e sentei ao lado de Adrian para falar com ele. Eu me concentrei em suas emoções e na solução do problema, alguma coisa que o fizesse interromper o fluxo de pensamentos. Acalmei-me o mais que pude, sussurrando para que Adrian compreendesse que eu não estava irritada nem desapontada com ele. A primeira coisa que eu disse foi:

– Seja qual for o problema, eu te amo.

Ele não acreditou. Eu lhe disse que há coisas boas na vida e mencionei algumas coisas maravilhosas que haviam acontecido na vida dele. Mas ele estava desconfiado. Então lhe pedi que pensasse numa coisa – apenas uma – extraordinária em sua vida. Ele sussurrou:

– Mazie. Mazie é a coisa mais maravilhosa e a única coisa boa que aconteceu na minha vida.

Compreendi então que Adrian e Mazie haviam se encontrado.

Abraçados na cama, Adrian atrás de Mazie, ele acariciava-lhe o pescoço e fungava-lhe o pelo. Recuei em direção à porta, para que tivessem privacidade. Enquanto ele afagava o pescoço dela, ouvi-o dizer:

– Sinto saudades de você, Justin.

Era isso. Ele sabia que esse cachorro, como seu irmão mais velho, nunca pensaria mal dele, nunca ficaria decepcionado ou irritado com ele e nunca o julgaria.

Adrian e Mazie adormeceram juntos, braços e patas entrelaçados. Ao fechar a porta do quarto aquela noite, as lágrimas jorraram. Eu tinha feito tudo, menos desistido dos dois, e, quando eu menos esperava, aconteceu, nos termos deles, no tempo deles, não nos meus.

Se nenhum ser humano jamais tocar o coração de Adrian, minha única esperança é que ele sempre possa ter uma Mazie em sua vida.

Antes de Mazie, eu dificilmente via além do que só conseguia entender como dimensão humana. Eu não estava em condições de ter uma relação com Deus depois de me ser tirado alguém tão próximo do meu coração. Hoje, porém, acordo todas as manhãs e sei que Deus, por intermédio de Mazie, enviou a todos nós um pedaço dele mesmo e também o espírito do meu filho. Mazie me comprova todos os dias que a vida sempre pode recomeçar.

"Talvez você deva tomar lições de amizade com seu cachorro"

Theresa Pollard

Sou uma sobrevivente de um caso de incesto barra-pesada. A minha capacidade de ficar ligada a pessoas ou a animais e de dar continuidade aos relacionamentos sempre me exigiu muito esforço.

Sofri abusos desde os meus 2 ou 3 anos de idade. Quando saí de casa aos 17, eu estava envolvida com as coisas típicas que a vida nas ruas oferece: álcool, drogas, prostituição e violência. Eu tinha descoberto que os adultos não queriam me proteger. Eu me tornei extremamente ácida e sarcástica, rebelde e contestadora da autoridade e da maioria dos adultos.

Quando amadureci, ficou impossível quebrar a carapaça que havia se formado durante tanto tempo para me proteger. Os relacionamentos eram quase sempre tumultuados. Logo que um relacionamento se tornava questionável ou desconfortável, eu criava distância, inevitavelmente através de brigas, o que impedia a pessoa de se aproximar mais.

Sam me encontrou num dia de verão numa praia em Del Mar, Califórnia. Eu vivia um momento de desentendimento com um namorado, como quase sempre acontecia. Eu estava sentada sozinha numa pedra, quando um *springer spaniel* de cor preta e branca, sem coleira, aparentemente abandonado, estatelou seu corpo cansado entre as minhas pernas.

Naquele momento eu vi sua inocência e vulnerabilidade, e tomei uma decisão que mudaria minha vida para sempre. Esse cachorro seria capaz de contar comigo pelo resto da sua vida.

Sam logo ficou conhecido como o pacificador na minha vida. Combinamos que sempre que meu companheiro e eu discutíssemos, aquele de quem Sam se aproximasse teria a palavra final. Ele era o mediador. A brincadeira se tornou uma forma de continuarmos em frente e de ter paz.

Sam e Theresa

Gabriel's Angels: Pets Helping Kids
gabrielsangels.org

Era quando o relacionamento terminava que as minhas verdadeiras lições com Sam começavam. Descobri que o nosso vínculo se alicerçava na confiança, uma descoberta que me trouxe uma extraordinária sensação de equilíbrio. Eu estava realmente tendo uma boa relação com alguém, sem fugir nem me afastar dele. Sam estava me curando.

Nós acampávamos bastante, em Yosemite e Redwoods. Observando sua liberdade de ser "apenas um cachorro", cheguei a compreender muita coisa. Ele fez com que eu me sentisse mais à vontade em minha própria pele, sem insistir muito tentando imaginar quem eu era. Ele podia ser apenas um cachorro, e me mostrou que eu podia ser apenas um ser humano.

Lembro que um estranho me disse:

– Seu cachorro é um amigão, talvez você deva tomar lições de amizade com ele.

Eu rosnei baixinho. A verdade é que eu *estava* tomando lições com meu cachorro.

Ainda tenho problemas de confiança e de relacionamento com as pessoas. Mas Sam me ensinou que está tudo bem em ser eu mesma. Ele me trouxe paz.

"Devemos pôr as pessoas que amamos em primeiro lugar"

Stephanie Carlino

Poucos dias antes do Natal, minha filha de 28 anos, Dariella, deu-me um vale-presente para fazer um retrato de família. Na ocasião, achei engraçado, pois sou mãe solteira e ela é filha única, e, assim, qualquer fotografia de nós duas é um "retrato de família".

Com os nossos dois cães acompanhando-nos, fomos ao estúdio fotográfico. No centro comercial local, a loucura habitual dos feriados pré-natalinos. Crianças e consumidores agitados e apressados estavam em toda parte. Newman, nosso mini *yorkie*, e Phoebe, nossa mini *dachshund* de pelagem longa, enfrentaram tudo com bom humor.

Uma jovem fotógrafa nos dispôs diante da câmera. Tratava-se de um pacote, por isso devíamos tirar várias fotos, e a fotógrafa queria que cada uma de nós assumisse diferentes poses. Ela nos fazia sentar, trocava de lugar e arrumava, antes de pular para trás da câmera para dispará-la. Tudo era muito frustrante para mim, pois eu não era tão maleável como minha filha. Na quarta pose, quando eu devia me inclinar de um modo que não conseguia, levantei-me dizendo que para mim já bastava. Afastei-me e disse para elas tirarem as fotografias restantes com os cachorros.

Os cães foram vestidos com asas e chapéus de fada e postos diante da árvore de Natal. Fiquei observando a fotógrafa fazer com eles o que tinha feito comigo, posicionando-os e colocando-os para cá e para lá. Fiquei feliz por não ser eu. E então percebi expressões no rosto deles, expressões de calma. Eles eram calmos e tolerantes, fazendo alguma coisa porque alguém que eles amavam pedia que fizessem.

Minha filha queria uma fotografia nossa. Eu devia ter sido suficientemente gentil para aguentar a sessão até o fim, se não por outro motivo, para agradá-la. Até os cães sabiam disso.

Aprendi com meus dois cachorrinhos que devemos pôr as pessoas que amamos em primeiro lugar, sem levar em consideração as nossas próprias emoções. Vejo as coisas de modo diferente desde que isso aconteceu. Sei que, se fazemos coisas boas pelos outros, o retorno é dez vezes maior. Guardo uma fotografia dos meus dois cãezinhos vestidos como fadas para me lembrar do dia em que aprendi uma das maiores lições da minha vida.

Pet Peeves
petpeevesinc.org

"Eu não podia deixá-lo para trás"

Lisa MacLeod

Eu tinha acabado de mudar de casa, para cursar o seminário e me tornar ministra. Levei comigo o meu *boxer-pit bull* malhado, Hector. Hector estava sempre contente e brincando, exatamente o oposto de mim. Eu sofri de depressão a vida toda. Na época em que me mudei, meu pai acabara de falecer, e eu ainda enfrentava meus sentimentos de perda. Estava indo para o fundo do poço.

Hector era meu companheiro de todos os momentos. Onde quer que eu estivesse em nosso novo apartamento, ele estava comigo. Éramos ligados de um modo muito especial. Era como se compartilhássemos parte de nossa alma.

Por fim, a depressão tomou conta de mim, e, num dia em particular, tudo mudou. Lembro que me encontrei com a minha terapeuta pela manhã. Ela estava tão preocupada que me mandou para o hospital. Passei por uma entrevista e em seguida fui liberada.

Meu namorado estava morando em outro Estado, e eu não consegui falar com ele usando o cartão telefônico. Estávamos tendo problemas. Parecia que eu estava tendo problemas com todo mundo. Sentia-me sem forças e sem esperança. Não conseguia fazer nada certo. À tarde, fui à casa de uma amiga para usar o telefone dela. Consegui falar com meu namorado, mas a conversa não foi boa, por isso entrei em crise. Saí enfurecida do apartamento de minha amiga, berrando e chorando descontrolada. Corri para meu apartamento com a ideia de cortar os pulsos e assim acabar morrendo.

Quando me aproximava do prédio, olhei para o segundo andar e vi Hector me observando da janela do quarto. Ele estava com as patas sobre o parapeito da janela. Olhei para o rosto dele. Havia medo em seus olhos. Naquele momento, eu soube que não podia praticar o que eu pretendia. No seu rosto, vi que ele estava preocupado comigo e não com ele mesmo. Em Hector eu vi Deus, e o ouvi me dizer: "Eu me importo com você e a amo do jeito que você é. Há nesta Terra alguém que ainda precisa de você, Hector." Deus chegava a mim através do único ser a quem eu daria ouvidos naquela noite – o único que nunca havia me questionado ou duvidado de mim ou de meu amor.

Desviei o olhar do apartamento com uma ideia muito clara em mente: eu não podia fazer isso com Hector. Eu não podia deixá-lo para trás.

Desabei no gramado, chorando. Felizmente, minha amiga havia me seguido e me socorreu. Ela me levou para o hospital, e Hector foi para um canil. Quando fui liberada alguns dias depois, antes de qualquer outra pessoa, foi Hector que eu quis ver. Foi ele que me mostrou o verdadeiro significado do amor incondicional.

Depois dessa experiência, comecei meu processo de cura e agora vivo com um prazer que me era desconhecido. Hector morreu, mas acredito que um dia estaremos juntos novamente.

Nunca vou esquecer a lição que aprendi aquele dia: Deus fala através de toda sua criação, mesmo através dos olhos afáveis e leais de um cachorro.

Friends of Kindred Spirits
friendsofks.org

Damona

Save Our Siberians Siberspace Rescue Fund
sos-srf.org

"Ele sorriu realmente"

Robert Baker

Sou voluntário numa organização sem fins lucrativos chamada Tails of the Tundra Siberian Husky Rescue. Somos um grupo de amantes dos *huskies*. Quando cães dessa raça correm o risco de ser sacrificados por eutanásia, em canis de cães apreendidos ou em abrigos, nós os salvamos. Também recebemos cachorros cujos donos são obrigados a se desfazer deles devido a execuções hipotecárias ou a outras situações lamentáveis. A partir do momento em que o cão está sob nossos cuidados, trabalhamos para encontrar o lar perfeito para ele. Faço o resgate de *huskies* há dez anos. Conheci muitos cães fantásticos, mas jamais vou me esquecer de um deles em particular.

O resgate de Damona começou no Dia de São Valentim de 2004, quando seus donos a entregaram a um abrigo. Sem alegar outros motivos, disseram que ela tinha problemas de indisciplina associados às necessidades fisiológicas. Estava com 7 anos de idade.

A Tails of the Tundra recolheu Damona do abrigo e a colocou temporariamente num dos nossos lares temporários. Uma vez lá, ficou claro que ela tinha problemas dessa natureza e que precisava fazer as necessidades com frequência. Ela sempre indicava quando precisava sair.

Também ficou muito claro que se tratava de um cão amoroso e afável. Ela distribuía beijos para todos e adorava aconchegar-se perto das pessoas.

Damona foi adotada em duas ocasiões diferentes. Nas duas ela foi devolvida porque havia se servido do banheiro da casa. Então, um ano depois que a resgatamos, ela teve muita sorte quando um aposentado chamado Joe Ferruchia a adotou. Devido à idade, Joe preferia um cachorro mais velho e se apaixonou por Damona. Ele seguiu as instruções que lhe foram dadas sobre as condições de Damona e em pouco tempo ela estava livre dos problemas que a faziam pular de casa em casa.

Joe e Damona viviam juntos e felizes. Ele a tratava como uma princesa. Descobriu que ela era diabética e lhe aplicava duas injeções de insulina diariamente. Mais tarde, quando ela teve o diagnóstico de catarata, ele pagou uma cirurgia cara para preservar-lhe a visão.

Depois de três anos maravilhosos juntos, Joe recebeu más notícias. Estava com câncer terminal.

Ele estava preocupado com Damona e com o que iria acontecer a ela. Nós prometemos ajudar. Quando ele foi internado, levei Damona para casa para morar com a minha família e com os meus dois *huskies* siberianos, Shadow e Timber. Alguns dias depois, Joe faleceu. Damona estava, então, com 11 anos.

Sete meses depois, a Tails of the Tundra foi convidada para dar uma palestra a uma classe do 4º ano em Yardley, Pensilvânia, que estava estudando a Iditarod, a corrida anual de trenós de cães realizada no Alasca. Damona e eu fomos com outra família voluntária e seu cão. Depois da palestra, fomos convidados a visitar uma turma de crianças autistas.

Quando entramos na sala, observei o ambiente. A sala era do tamanho de qualquer outra sala de aula do ensino básico. Havia três professores e quinze alunos, com idades entre 6 e 16 anos. Um menino, talvez de 6 ou 7 anos, estava sentado numa cadeira sozinho no canto da sala. Quando olhei para ele, uma das professoras explicou que ele era um autista de nível severo e que raramente saía da cadeira ou falava com alguém. Disse também que ele gostava de observar.

Fui para o meio da sala e comecei a falar sobre Damona. Expliquei que ela era uma *husky* siberiana e mencionei que os *huskies* são cães que puxam trenós. Quando eu disse isso, o menino sentado no canto da sala se levantou e se aproximou de mim, surpreendendo a todos.

– Qual é o seu nome? – ele perguntou.

– Eu sou Bob, e esta é Damona – respondi.

O menino se abaixou e tocou nela. Damona, então, ergueu o focinho e lambeu a mão dele. Ele sorriu contente e pôs a mão sobre a cabeça de Damona. Fiquei maravilhado. Entreguei a guia ao menino, para ver o que ele faria. O que aconteceu em seguida surpreendeu a todos. O menino segurou a guia frouxa e começou a andar em torno do círculo de crianças, parando na frente de cada uma. Damona o seguiu sem precisar ser puxada.

– Esta é Damona – ele dizia, apresentando-a a cada criança. Damona, em troca, cumprimentava cada um lambendo e abanando a cauda.

Quando o menino terminou de apresentá-la a todos, ele a trouxe para mim, entregou-me a guia, disse "Obrigado" e voltou para sua cadeira.

Eu estava chorando. Foi como se, subitamente, eu fosse tomado por uma inspiração. Pela primeira vez em minha vida, eu me relacionei com uma criança autista num nível inteligente. Quando vi a interação entre Damona e essa criança, eu soube que estava testemunhando algo muito especial. Também os professores observavam, não acreditando no que viam, e dizendo que nunca tinham visto aquele menino interagir com ninguém daquele modo. Naquele momento, todos nós, presentes, profundamente tocados pelo que acabara de acontecer, eu soube que aquela cadela especial – aquela cadela que fora rejeitada muitas vezes – acabara de fazer uma diferença enorme na vida de um menino.

O que eu não sabia então era que Damona estava para derramar suas graças sobre outra família. Ela estava conosco havia um ano quando uma família que adotara um de nossos *huskies* quatro anos antes nos disse que estava à procura de uma companheira para ele. Eles foram específicos; queriam uma fêmea mais velha, calma e sossegada.

Deixei Damona na casa deles uma semana depois. No dia seguinte, recebi um telefonema da família, com uma história ótima. Eles disseram que, todas as noites, o cachorro deles, Brahms, dormia numa cama ao lado da cama do casal. Pela manhã, eles colocavam essa cama debaixo da deles. Todas as noites, Brahms puxava sua cama para fora e dormia nela, sem se mexer até de manhã.

Na primeira noite de Damona com eles, Brahms puxou a cama e adormeceu. Mas, quando eles acordaram de manhã, viram que ele havia se mexido e dormia com as costas tocando as costas de Damona.

Damona tocou muitas vidas, tanto humanas quanto caninas, durante seu tempo demasiado breve nesta Terra. Não seria exagero dizer que ela era uma cadela de natureza divina. Sou agradecido por ter tido a oportunidade de fazer parte da vida dela.

Nota: depois de passar apenas um ano com Brahms e sua família, Damona morreu de falência renal. Não tenho dúvidas de que seu dono anterior, Joe, a estava esperando para recepcioná-la e que o reencontro deles foi muito feliz.

"Eles caíram no chão juntos"

Marilyn Tyma

Quando eu era aluna de pós-graduação em Psicologia, com especialização em aconselhamento, resolvi fazer o estágio numa escola alternativa. A diretora aceitou minha proposta de usar meu cachorro durante as sessões, um sonho que para mim se transformava em realidade.

Bruin era um *schnauzer* preto que adorava andar de carro, com a cabeça acima do teto solar, com seus *doggles*, seus óculos de sol. Ele era divertido, inteligente, independente e muito sensível, dotado da preciosa capacidade de saber quando alguém estava sofrendo.

Um dia, um menino de 12 anos chamado Steve ingressou no programa de aconselhamento. Ele estivera em lares adotivos temporários e abrigos de menores durante toda sua vida. Por ter sofrido abusos físicos, mentais e emocionais, ele não olhava nem falava com ninguém. Tivemos várias sessões sem qualquer comunicação. Por fim, certo dia, fizemos um grande progresso. Reunimo-nos numa sala privativa, Bruin conosco. Bruin e eu nos sentamos no chão, afastados de Steve, que preferiu deitar-se encolhido em sua posição fetal costumeira, algo nada incomum, considerando-se sua história. Bruin se levantou, se aproximou de Steve e se deitou ao lado dele, colocando a pata sobre a perna do menino. Esse gesto surpreendeu Steve, que olhou para mim tentando saber o que fazer. Eu o acalmei dizendo que Bruin só queria ficar perto dele. Steve olhou para Bruin, sorriu e começou a acariciar suavemente a cabeça dele.

Alguns minutos depois, Steve começou a falar com Bruin. Fiquei pasma. Nas sessões seguintes, Steve falou alguma coisa comigo, mas se comunicou principalmente com Bruin. O corpo de Steve passou por mudanças, não assumindo mais a posição fetal. Ele se sentava, falava e interagia mais. No início de cada sessão, Steve entrava na sala repetindo o nome de Bruin, ao cumprimentá-lo. Duas semanas após o início das sessões, Steve começou a falar com as pessoas, mas sempre de modo diferente de como falava com Bruin. Ele confiava em Bruin.

Quando deixou o programa, Steve me procurou e perguntou se podia dar um abraço de despedida em Bruin e também se podia dar-lhe um presente. Respondi que não havia nenhum problema em fazer as duas coisas. Vi então o menino tirar do bolso sua única posse, uma pulseira de couro com quatro contas de plástico, e amarrá-la na coleira de Bruin. Ele disse que assim Bruin nunca se esqueceria dele.

O meu estágio chegou ao fim, e eu assumi a função de orientadora na mesma escola, em tempo integral. Três anos se passaram. Bruin já estava cansado e artrítico, e eu comecei a trabalhar com outro cachorro. Num dia especial, porém, resolvi levar Bruin comigo. Eu sabia que essa seria sua última visita à escola. Ele mal conseguia caminhar, mas fazia questão de ir. Doía-me o coração deixá-lo sozinho em casa, por isso não hesitei em levá-lo comigo nessa última visita.

Depois de deixá-lo na sala de aconselhamento, eu caminhava pelo corredor quando um menino alto pegou meu braço e disse:

– Olá, a senhora é a dona do cachorro! Onde está Bruin?

Era Steve. Quase não o reconheci. Ele havia crescido pelo menos uns 30 centímetros. Disse-me que iria fazer uma entrevista para voltar para a escola e perguntou se podia ver Bruin. Eu o levei até a sala de aconselhamento. Steve correu até Bruin, que o reconheceu e pulou nele. Eles caíram no chão juntos, abraçados. Bruin uivava de felicidade e Steve chorava.

Bruin ainda estava com a pulseira de couro que Steve havia amarrado na coleira três anos antes.

Bruin morreu alguns dias depois. Eu ainda conservo sua coleira com aquela pulseira simbólica pendurada nela.

Os cães têm a habilidade de abrir portas que outros não conseguem abrir. Sou uma orientadora muito melhor quando meus coorientadores caninos me auxiliam em meu trabalho.

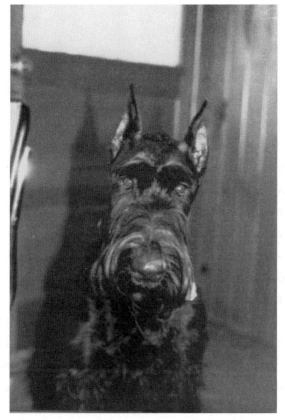

Bruin

Giant Schnauzer Rescue
ht-z.org

"Ele é nossa bênção"

Carol Bradshaw

Meu marido, Jack, é um veterano da guerra do Vietnã e sofre do transtorno de estresse pós-traumático (TEPT). Não foi um incidente único que provocou o TEPT, mas uma série de eventos horríveis.

Jack testemunhou a morte de companheiros, recolheu membros de corpos depois de combates e viu um jovem médico ser estilhaçado por uma mina terrestre. Ele vivia correndo e fazendo de tudo para sobreviver. Não havia descanso, nunca. Quando não estava em missão, uma das suas tarefas nas bases militares era retirar corpos dos helicópteros Huey e depois lavar o sangue, deixando o aparelho preparado para o ataque seguinte.

Terá Jack visto ou vivido algo diferente de outros soldados? Provavelmente, não. Mas o que ele viu e viveu afetou profundamente sua vida.

Raiva, desconfiança da autoridade, hipervigilância, depressão e crises de pânico são todos sintomas do TEPT. Quando mais jovem, Jack conseguia até certo ponto lidar com esses problemas, mas, com o tempo, o transtorno passou a mostrar suas garras todos os dias. Em 2004, o TEPT chegou ao auge. Jack estava com 57 anos e fisicamente esgotado pelo trabalho de quase quarenta anos como perito em construção de telhados. Ele se preocupava com tudo, sempre esperando que alguma coisa ruim acontecesse. Estava deprimido, ansioso e se afastando das pessoas, inclusive dos amigos e familiares. Foi quando encostou o revólver na cabeça. Eu consegui dissuadi-lo da ideia de se suicidar e o levei para o hospital de veteranos mais próximo, em Loma Linda, Califórnia. Com orientação, grupos de apoio, médicos excelentes e medicação, ele conseguiu seguir em frente.

Nós não temos filhos. Animais sempre foram membros de nossa família. Certo dia, um amigo veterano nos contou a história triste de um cachorro de porte avantajado e pelagem preta, chamado Bandit, que precisava de um lar permanente. Ele esclareceu que o cachorro fora doado inúmeras vezes, mas que sempre voltava para a casa que ele amava. Sua dona, porém, não podia ficar com ele. Sempre que ele voltava, ela o maltratava, machucava e fazia sofrer. Depois de ouvir a história, fomos ver Bandit. Seus grandes olhos castanhos nos comoveram. Nós o levamos, com a condição de que ele se desse bem com nossos três gatos. Isso não foi problema. Ele se adaptou à casa assim que cruzou a porta. Mal sabíamos então que, por lhe darmos um lar permanente, ele traria conforto e paz para nossa vida.

Jack tem crises de hipervigilância durante a noite. São períodos que chamamos de "fazer a ronda". Ele se levanta da cama e caminha ao redor da casa e do quintal à espreita do inimigo. Fazia seis meses que Bandit estava conosco quando percebi algo extraordinário. Jack não estava mais fazendo a ronda com a mesma frequência de antes. Ele parecia dormir mais tranquilo e por períodos de tempo mais longos. Ao mesmo tempo, notei que Bandit levantava várias vezes durante a noite, percorria toda a casa e depois voltava para o quarto, para sua cama no chão, perto de Jack. A impressão era de que Bandit fazia a ronda agora e Jack, enquanto dormia, sabia disso inconscientemente e descansava mais sossegado. Era como se Bandit assumisse o compromisso de proteger a família, deixando Jack dormir.

Tudo estava correndo bem até que Jack passou por uma experiência que provocou a volta de lembranças ruins. Ele seguia por uma autoestrada quando um cachorro entrou na pista e foi atropelado por outro carro.

O cachorro foi literalmente estraçalhado na frente de Jack. Poucos dias depois desse acontecimento, Jack estava de volta ao hospital. Foi lá que ele recebeu a visita de um cão terapeuta chamado Riley, um *corgi* mestiço que se tornou o catalisador de uma guinada em nossa vida.

Sabendo o que Bandit já fazia por Jack e vendo a reação dele frente ao comportamento de Riley, resolvemos ver se Bandit poderia qualificar-se como cão terapeuta. Na época, pensávamos que essa seria a nossa forma de promover a recuperação de outros veteranos. Bandit foi aprovado com louvores e começou a trabalhar imediatamente com pacientes com câncer, demência e distúrbios psiquiátricos no hospital de veteranos.

Enquanto Bandit ajudava outros veteranos em seus problemas de saúde, percebemos que ele se empenhava em efetuar mudanças drásticas em nossa casa. Bandit dava cobertura a Jack. Estava sempre com os olhos fixos nele, lendo seus pensamentos e seu estado de espírito. Era como se sua missão fosse ajudar Jack.

Agora ele interceptava as pessoas que se aproximavam muito de Jack, fazendo do seu corpo uma barreira entre eles. E quando Jack precisava subir as escadas, Bandit subia com ele, dando cada passo lentamente e mantendo o corpo numa postura de suporte, ajudando Jack a manter o equilíbrio. Bandit era o suporte que Jack nunca tivera.

Recebemos a informação de que Bandit podia dar um passo adiante e receber treinamento para ser um cão de assistência da Califórnia. Esse treinamento lhe permitiria acompanhar Jack em toda parte. Mais importante ainda, Bandit aprenderia a pressentir a ocorrência iminente de crises de depressão e de pânico e a trabalhar para contorná-las. De novo, foi aprovado. E de novo nossa vida elevou-se a novos patamares.

Desde que Bandit entrou em nossa vida, Jack está mais independente e é capaz de fazer coisas normais novamente. A presença de Bandit impediu Jack de cair no buraco negro em que corre sempre o risco de cair. Quando ele começa a dar sinais de que está para entrar em estados de depressão e de ansiedade, Bandit pressente a crise e o toca insistentemente com o focinho, alertando-o de que está indo em uma direção em que não precisa ir. E com os problemas de mobilidade se agravando, Jack pode contar com Bandit como um cão "escora".

Bandit é membro de nossa família há quatro anos. Ele faz o maior sucesso ajudando Jack e gosta de trabalhar como voluntário com outros veteranos. Seu nome era Bandit quando o pegamos. Imaginamos que seja porque ele rouba corações. Ele é a nossa bênção.

Jack e Bandit

Helping Every Animal League
friendsofheal.org

Guinness

Therapy Dogs International
tdi-dog.org

"O amor é paciente"

Patrick Klingaman

"O amor é paciente" é uma afirmação famosa da Bíblia. Apesar de minha familiaridade com o princípio, nem sempre demonstrei uma grande paciência com os outros, e seguramente não comigo mesmo.

Desde tenra idade, tenho uma inclinação natural, muito forte, para a ambição. Entre os 10 e os 12 anos, lembro-me de apontar para a estante de enciclopédias e dizer a minha mãe que um dia eu estaria lá. Com gurus de sucesso, aprendi a estabelecer objetivos mensuráveis. Durante décadas, estabeleci dezenas de objetivos anuais e acompanhei meu progresso em atividades como escrita, leitura, e até mesmo oração. Mas, quando não alcançava os objetivos estabelecidos, quase sempre achava que não estava à altura deles.

Com mais idade, examinei minha carreira como diretor de marketing e refleti sobre minha falta de paciência com os outros. Eu me vira sempre como um agente de mudanças. Quando outros executivos não viam o que eu via, normalmente me irritava e ficava frustrado.

Quando cheguei aos 48 anos, comecei a enfrentar uma lesão musculoesquelética. Ela era tão aguda que, quando eu me abaixava para calçar as botas, a dor e os espasmos musculares me derrubavam, literalmente.

Passei grande parte do ano consultando especialistas e fazendo fisioterapia, com novas lesões frequentes e cura apenas parcial. Ganhei 7 quilos e meu colesterol disparou, aumentando substancialmente o risco de um ataque cardíaco.

Guinness, um cão d'água português preto e cheio de alegria, entrou na minha vida quando eu mais precisava dele, ou melhor, dela. Ela era um filhote que rapidamente se tornou um adulto de 20 quilos. Antes de Guinness, eu sempre tivera cães de colo que exigiam um mínimo de atividades. Guinness era diferente. Ela era um cão de trabalho. Entediava-se na aula de obediência e não conseguiu aprovação no primeiro teste para se tornar cão terapeuta. Logo descobri que suas habilidades como cão de caça eram mínimas em terra e nulas na água. Mas Guinness precisava de alguma coisa para fazer.

Com problemas de saúde crônicos e declínio profissional, eu me acomodara à rotina da meia-idade. Não tinha depressão nem alimentava ideias suicidas, mas poucas coisas me animavam. Resolvi iniciar um programa de Agility, com a expectativa de que seria bom para mim e para Guinness.

Agility é uma forma de esporte para cães em que um condutor guia com precisão um cão através de uma série de obstáculos numa corrida contra o tempo. Trata-se de uma competição. Depois que comecei a praticar Agility com Guinness, o enorme entusiasmo dela me contagiou.

A primeira corrida de Agility foi um desastre; divertida, sim, mas tão caótica quanto o descarrilamento de um trem. Assim como o foram as 99 de nossas primeiras cem corridas. Ah, mas a centésima! Eu era o condutor apreensivo, com a minha sombra escura latindo e saltando através de um labirinto, à semelhança de uma cena de perseguição, cinematográfica, que todos pressentem que acabará num grande desastre. Não dessa vez. No último salto – nossa linha de chegada –, Guinness olhou para mim para receber seu merecido petisco. A boca aberta e a língua para fora complementavam um olhar intensamente impaciente, raramente visto, a não ser quando ela estava molhada. Havíamos finalmente descoberto uma atividade cuja realização, juntos, nos estimulava igualmente.

O som do velcro se abrindo no momento de ajustar a braçadeira era a deixa para Guinness de que iríamos treinar. E, embora minhas corridas com ela durassem menos de um minuto, elas rapidamente me transportavam a um lugar livre de limitações físicas, onde eu podia sentir as alegrias simples de um garoto e seu cachorro. Meu médico confirmou o que eu estava sentindo. Depois de um ano de aulas de Agility juntos, minha saúde melhorara radicalmente, reduzindo pela metade o risco de um ataque cardíaco. O colesterol baixara para um nível recorde de 151 (de 293), e todos os demais prognósticos de alto risco encontravam-se agora nas faixas de baixo risco.

Dois anos depois da primeira aula, comecei a perceber que as lições de meu novo passatempo podiam ser mais profundas do que eu pensara. Por exemplo, treinar animais para um evento de desempenho complexo é um estudo de caso sobre a paciência. Apesar de muitos meses de esforços, que eram mais uma sequência de erros bobos do que material digno de medalha, eu raramente ficava impaciente. Seria por causa do olhar de absoluta devoção de Guinness ao se esforçar para seguir a minha orientação? Ou seria seu entusiasmo incessante e o vislumbre de potencial que eu via mesmo numa corrida desastrosa? Ou talvez fosse o fato de que nossos raros feitos de grandeza me davam tanto prazer que eu repetiria a corrida centenas de vezes em minha cabeça e esqueceria o resto?

Um dia, finalmente, estabeleci a relação. Se eu, como um condutor principiante, nunca pensei em desistir de meu cão, por que Deus desistiria de mim? Deus, mais do que ninguém, conhece meu verdadeiro potencial, algo que ainda estou descobrindo através das provações e erros da vida. Se um momento refulgente pode eclipsar uma montanha de falhas numa pista de Agility, imagino que a alegria é sumamente maior no caso de Deus.

A expressão de euforia de Guinness durante a corrida me sustentou ao longo dos anos de aulas, práticas e competições, finalmente me permitindo ajudá-la a se tornar a campeã que eu sempre soube que ela era. Quando estamos em sincronia, em disparada através de uma pista de Agility, eu me sinto absolutamente vivo. Esse entusiasmo transborda para todas as demais esferas da minha vida. Guinness restituiu-me a saúde física, emocional e espiritual.

Eu nem sempre demonstrei muita paciência com os outros ou comigo mesmo. Minha evolução não resultou de sermões nem de livros, mas brotou das profundezas de uma relação de trabalho com minha cadela. Algumas pessoas aprendem lições sobre a vida e sobre si mesmas participando de grandes empreendimentos. Para a maioria, porém, a revelação pode dar-se em meio às atividades mais básicas. Eu corro com cães. Não sei se um dia me sentirei realizado com esse esforço; o que sei é que sempre me maravilharei com o que esse esforço realizou em mim.

"A bondade nunca deixa de ser reconhecida"

Dion Genovese

Esta história é sobre um gigante afetuoso chamado Hemingway e sua jornada dedicada à cura de pessoas. Conheci Hemingway, um mestiço malhado de *bull mastiff* com *rottweiler*, na Clínica Ashton para Animais, em Sarasota, Flórida, onde trabalho como recepcionista. O cachorro de 60 quilos fora encaminhado pelo setor de controle animal para ser castrado. Ele era uma alma dócil, com grandes olhos castanhos.

Dra. Laurie Walmsley, proprietária da clínica, estava à procura de um cachorro que preenchesse o vazio em seu coração deixado pela morte de seu querido *rottweiler*, Barnacle Bill, seis meses antes. Ela telefonou para o setor de controle animal para informar-se sobre a possibilidade de adotar o enorme *mastiff-rott*, mas soube que ele já fora adotado.

Uma semana depois, ao chegar à clínica, dra. Laurie viu o robusto garoto sentado num canil, olhando para ela. A família que o adotara havia desistido, por ele ser grande demais para o condomínio. Era o destino que assim dispunha. Dra. Laurie o chamou de Hemingway porque o modo como ele se movia, sempre com muito amor e compaixão, era como ver poesia em movimento. Naquele dia, nossa vida mudou para sempre.

Hemingway logo se tornou o "prefeito" da Clínica Ashton. Ele observava diariamente como a dra. Laurie tratava os animais e realizava cirurgias, e sempre cumprimentava todos os que passavam pela porta. Ele também tinha um jeito próprio de abordar as pessoas para saudá-las.

As rondas de Hemingway consistiam em visitar os internos permanentes e também os gatos e outros cães hospitalizados. Ele era uma presença divina, que oferecia conforto a todos os animais. Depois de fazer suas rondas examinando os pacientes, ele andava livre pelas salas da clínica, muitas vezes me visitando em minha mesa e saudando os clientes que chegavam. Sempre encontrava um jeito de dizer a todos: "Suas preocupações terminam aqui."

Certo dia, vi Hemingway dirigir-se à sala de espera e encontrar uma cliente em prantos. Ele se aproximou da mulher e recostou a enorme cabeça no colo dela. Acariciando a cabeça de Hemingway e chorando, ela explicou que estava com câncer terminal, restando-lhe pouco tempo de vida. Ela trouxera seu cachorro para um último exame antes de ela morrer. Hemingway sabia que ela precisava de conforto, e, por alguns minutos, ela sentiu seu amor. Ele compreendia.

Estava claro que Hemingway tinha o dom de criar empatia com as pessoas, mas em pouco tempo descobrimos que seus dons incluíam ajuda a outros cães. Essa descoberta começou com uma emergência. Um cachorro chegou com uma picada de cascavel. Por causa do veneno, o sangue não coagulava, e por isso o cachorro precisava de uma transfusão de sangue. Quem poderia doar o sangue? Hemingway se apresentou e ficou quieto enquanto o sangue era coletado. A transfusão forneceu plaquetas e células vermelhas saudáveis para controlar a hemorragia e nos deu condições de continuar o tratamento contra a toxidez produzida pela picada. Hemingway salvou a vida do cachorro.

Daí em diante, sempre que um dos pacientes precisava de sangue, Hemingway era o doador. Ele salvou um cachorro com parvovírus, outro que tinha um tumor no baço e um terceiro com anemia hemolítica autoimune. A reputação de Hemingway como doador de sangue se alastrou. Em pouco tempo, a oncologista veterinária local o chamava para ajudar os pacientes dela. Ele nunca deixou de doar.

Hemingway começou como um desgarrado indesejado, desabrigado e abandonado. Alguém deixara de ver suas muitas qualidades. Nesse caso, a perda de uma pessoa foi o ganho de outra pessoa e de muitos cães.

Hemingway foi uma das almas mais bondosas, amáveis e generosas que já conheci. Ele era um ser divino, em sintonia com cada pessoa e animal que entrava em contato com ele. Com sua capacidade de oferecer conforto apenas com sua presença, ele realmente parecia ser de outro mundo. Através de Hemingway, aprendi que ser sensível ao sofrimento das pessoas e tratá-las com bondade são atitudes que nunca deixam de ser reconhecidas ou recompensadas.

Dra. Laurie e Hemingway

Animal Rescue Coalition
animalrescuecoalition.org

Walter J. Fox e Jayne

Boston Terrier Rescue Net
bostonrescue.net

"Glória ao excomungado que o abandonou"

Jayne Fagan

Eu me mudei da Costa Leste para a Oeste com a intenção de ficar perto de amigos da faculdade e fugir de uma relação tumultuosa – do tipo que deixa a gente totalmente fora de si, por ser desequilibrada e abusiva. Eu estava me adaptando à nova vida havia alguns meses quando fiz um pedido a um grupo de resgate especializado em *boston terriers*. Os critérios que defini para a escolha do cão eram simples e podiam se resumir em três palavras: fêmea, filhote, fofa.

Na época, eu trabalhava como garçonete num bar que não permitia o uso de celular durante o trabalho. Um dia, no fim de meu turno, percebi que havia perdido uma chamada da coordenadora do grupo de resgate de cães. Retornei a ligação, mas ela me disse que já era tarde demais. Ela estava a caminho para entregar o cachorro para outro candidato. Eu havia perdido a cadelinha de meus sonhos, a coisinha mais fofa, por questão de vinte minutos. Eu a teria chamado de Ruby ou Susan, talvez. Mas perdi a ligação, e a dona maluca do canil a deu para outra pessoa. Eu mal sabia que coisas ainda maiores estavam reservadas para mim.

Era o anoitecer de uma sexta-feira fria quando recebi a segunda chamada. A vigorosa e quase odiosa dona do abrigo tinha um machinho para mim. Ele fora deixado no consultório de um dentista em Salem, Oregon. Alguém havia aberto a porta e empurrado seu corpo felpudo para a sala de espera. Glória ao excomungado que o abandonou. Ele sabia que o dentista era fanático por cães e não iria jogar seu cãozinho tristonho na rua.

Mas havia complicações. Eu não queria um macho; além disso, a mulher me disse que ele era velho e tinha "bolsas de gordura" na barriga. Mesmo? O que era uma bolsa de gordura? Eu precisava ver esse bicho. Estava intrigada.

A dona do abrigo o trouxe até mim. Eu lhe dei 100 dólares, com um desconto por causa das bolsas de gordura, e o peguei "para experiência" por uma semana, caso quisesse devolvê-lo. Ele era um cruzamento encaroçado de *boston terrier* com buldogue francês, com pintas brancas e negras. Eu estava em dúvida.

No momento em que entramos em casa, o garoto ainda anônimo começou a provocar o labrador preto da minha colega. Alguns chamam isso de tentativa de estabelecer domínio. Eu chamo de motivo para não querer um macho.

Vinte minutos depois, o garoto estava acomodado e, nossa, como roncava – pior do que meu avô de 85 anos. Era um tipo de ronco enlouquecedor, de revolver as entranhas. Visões de apneia do sono e os custos de um respirador passaram pela minha cabeça. Naquela primeira noite, fiquei sentada e muito assustada, observando o bicho sorvendo ar enquanto ressonava ao pé do sofá. Com aquela cara, muito parecida com a do grande ator Walter Matthau, eu não podia fazer outra coisa senão me apaixonar por ele. Daquele momento em diante, soube que devia me preparar para um período longo e árduo. Eu amaria esse infeliz desajeitado e o levaria e exibir-se com orgulho entre os cães empertigados dos parques. Eu o vestiria com um poncho sob a chuva e o fantasiaria como joaninha para o Halloween. Ele andaria na cesta de minha antiga e valiosa bicicleta num passeio prazeroso e pouparia suas pernas velhas e cansadas. Ah, como uma boba, eu me apaixonei por ele – perdidamente.

Eu lhe dei o nome de Walter J. Fox, inspirado em Walter Matthau, porque se parecia com ele, e em Michael J. Fox, por sua personalidade e espírito. Não quero parecer uma personagem daqueles filmes água com açúcar, mas esse cãozinho realmente me ajudou a tomar consciência de mim mesma. Antes de meu relacionamento conturbado, eu era muito sociável e comunicativa. Meus amigos me consideravam engraçada e divertida. Eu gostava de fazer brincadeiras. Mas tinha perdido a minha luz. Walter entrou em minha vida quase no fim de um período negro, quando eu estava à deriva. Com ele, tive imediatamente alguém que me amava. Nos dias bons, ele corria livremente comigo pelos parques ou me acompanhava nas excursões para acampar. Nos dias ruins, ele se aconchegava comigo debaixo das cobertas e se solidarizava com o meu choro. Durante meu processo de cura, ele foi meu companheiro inseparável.

Eu amava muitas coisas em Walter. Quando chovia, ele assumia certos ares ao entrar no parque para cães usando uma capa de chuva amarela, sentindo, mas não mostrando vergonha. E também não tinha vergonha na noite da tortilha mexicana conhecida como *taco*. Ele gostava tanto de *tacos* que minhas colegas de quarto e eu o considerávamos um refugiado de Tijuana contrabandeado pela fronteira numa barraca itinerante de *burrito*, uma espécie de pastel mexicano. Walter J. Fox adorava lamber pés, afagos e roncar como um espírito agourento. Ele adorava frequentar parques para cães, divertir-se buscando gravetos, andar no mato e sentar-se no banco do passageiro.

Quando as pessoas me perguntavam sobre Walter, eu dizia que resolvera adotá-lo porque ele era tão miseramente velho e feio que ninguém mais levaria seu corpo desajeitado para passear numa cesta de bicicleta. Sinceramente, ele conquistara o meu coração.

À medida que os nossos dias juntos se transformaram em meses, voltei a encontrar o meu eu bobo. E outras mudanças também ocorreram em mim. Percebi que já não me preocupava tanto com as aparências e com o modo "como as coisas deviam ser". Walter me ensinou a não me angustiar com as coisas e a acompanhar o fluxo. Ele me mostrou que eu não precisava fazer um bilhão de coisas ao mesmo tempo. Às vezes, bastava apenas curtir um afago. Walter J. Fox me lembrava que eu era amada, quaisquer que fossem as circunstâncias.

Uma amiga me disse certa vez que Deus coloca certas pessoas em nossa vida quando precisamos delas. Eu acredito nisso. Queria e precisava do cachorro dos meus sonhos, e foi exatamente isso que obtive.

Gratidão

Reconhecimento pela Acolhida

Sadie & Philophal

R esgatei certa vez um filhotinho que recebeu todo o meu afeto e
me foi grato durante toda sua vida.

Eu trabalhava como correspondente para a CNN em Atlanta,
como repórter ambientalista, quando fui enviada para Porto Rico. Minha
tarefa consistia em investigar a movimentação de empresas estadunidenses que instalavam fábricas na ilha, para burlar as leis ambientais
federais que seriam obrigadas a cumprir nos Estados Unidos. Algumas
firmas despejavam resíduos tóxicos nos rios e córregos da ilha, contami-
nando comunidades inteiras. Uma segunda reportagem referia-se à floresta tropical El Yunque, localizada no leste de Porto Rico, a única floresta
tropical pertencente ao Sistema Florestal Nacional dos Estados Unidos.

Pela previsão inicial, eu permaneceria cinco dias na ilha para realizar
as duas reportagens. No primeiro dia, a equipe recebeu a incumbência de
filmar a floresta tropical, quarenta quilômetros a sudeste da capital, San
Juan. Quando nos aproximávamos da base das grandiosas montanhas
Luquillo, meu fotógrafo parou para tirar algumas fotografias. Eu saí do
carro e fiquei observando os arredores. Havia lixo espalhado por toda
parte – tudo, desde camas e utensílios domésticos até lixo caseiro. Era

um aterro sanitário. Pelo visto, as empresas estadunidenses não eram as únicas a poluir a ilha.

Atentei para o contraste entre a beleza da floresta acima de nós e o horror da imundície humana esparramada nas proximidades de um dos lugares mais belos do mundo. Pedi ao fotógrafo que tirasse algumas fotos do lixo para incluí-lo em minha reportagem. Ele concordou e direcionou a objetiva para o entulho.

Um instante depois, soltou um grito:

– Olha isto!

Eu me aproximei dele. A lente focalizava uma caixa que parecia viva. Fui até ela e a examinei. Larvas. Milhões de larvas pululando na caixa, formando o contorno de uma cachorra morta e de seus filhotes.

Afastei-me arrepiada. Então o fotógrafo voltou a dizer:

–Você não vai acreditar nisto!

Um dos filhotes estava vivo e fora da caixa. Voltei alguns passos, e nisso o filhote, talvez de oito semanas, se arrastou na minha direção só com as duas patas dianteiras, puxando as traseiras.

Era de doer o coração. Cada integrante da equipe emitiu um som de consternação diferente ao mesmo tempo. Corri até a picape e peguei um sanduíche e uma garrafa de água. Tirei a carne do sanduíche e a dei ao filhote, que a devorou. Depois despejei água na minha mão em concha, que ele sorveu avidamente. Em seguida, o minúsculo sobrevivente olhou para mim com uma expressão de profundo agradecimento.

Pouco depois, a equipe terminou de fotografar e me chamou. Disseram-me com toda determinação para deixar o filhote, uma cadela – estávamos com horário apertado e não havia nada que eu pudesse fazer.

Foi um dos momentos críticos de minha vida, um momento que definiu quem eu era. Entrei no banco traseiro da caminhonete e tomamos a direção das montanhas. Ninguém disse nada, até aparecer a cabecinha, saída de minha sacola.

– Você não pode trazer esse filhote – latiu o fotógrafo. – Temos de subir uma montanha e você não pode deixá-lo num carro abafado.

–Eu não podia deixá-lo lá! – eu disse. – Nós vamos achar uma saída!

E achamos, a cadelinha e eu. Subimos a montanha juntas, dividimos o almoço, terminamos de fotografar e, na volta a San Juan, nos esgueiramos pelos corredores de um hotel quatro estrelas. À noite, dei um banho nela e adormeci com ela enrodilhada embaixo de meu queixo.

Nos dias seguintes, a cadelinha ficou aos cuidados de uma clínica veterinária, onde foi vacinada, enquanto eu tentava "vendê-la" a todas as boas pessoas de Porto Rico que promoviam festas em nossa homenagem e nos serviam de guias. Mas, fato que eu desconhecia, Porto Rico tinha um problema sério de superpopulação de cães e gatos. Não havia lugar para esse filhote na ilha.

Para resumir, o filhotinho fez uma longa viagem aérea para casa comigo, e eu o dei imediatamente a meu irmão Billy, que estava à procura de um cachorro. Ele lhe deu o nome de Sadie, e, daquele dia em diante, ela ficou conhecida como Sadie, a Dama Porto-Riquenha.

Passada uma semana, liguei para Billy, perguntando se ele estava com coceira. Não, não estava, mas a namorada, sim. Precisei dar-lhe a má notícia. Sadie havia me passado sarna, e eles também deviam procurar tratamento. Os ácaros haviam penetrado em minha pele e se movimentavam, causando muito prurido e incômodo. Era realmente muito desagradável.

Billy e eu morávamos em pontos diferentes do país e, praticamente, nos víamos só uma vez por ano. A primeira vez que vi Sadie depois do resgate foi um ano depois. Ela havia crescido e se tornara uma cadela de pelagem densa, branca e castanha, do tamanho de um *jack russell.* Era saudável, com as quatro patas fortes e ágeis. Quando eu estava chegando perto do apartamento, meu irmão abriu a porta e Sadie correu em minha direção com enorme alegria. Eu a peguei no colo, e ela me lambeu cheia de satisfação, sem conseguir controlar seu entusiasmo. Eu me sentei na grama e ela começou a correr a meu redor em círculos, e depois subindo nas minhas costas e saltando várias vezes. Em toda minha vida, ninguém havia ficado tão feliz em me ver.

Todos os anos depois disso, pelo tempo que Sadie viveu, fiz questão de visitá-la. E cada vez que eu a via, mesmo quando já era velhinha, ela me recebia com a mesma alegria.

Durante toda minha vida, sempre ouvi dizer que os cães não têm memória nem sentimentos. Ouvi até pessoas dizerem que animais não sentem dor. Muitos desses mitos vieram de cientistas que não acreditam no antropomorfismo. Eles não acreditam que os animais podem ter qualidades humanas, como empatia e gratidão. Essas afirmações procedem de cientistas que, creio eu, rejeitaram o antropomorfismo para justificar seus experimentos com animais. Hoje, isso está mudando, porque todos nós que vivemos o verdadeiro "experimento da vida" com um cão, e isso inclui muitos cientistas, sabemos que a realidade é outra.

Sadie, a Dama Porto-Riquenha, me amou desde o momento em que a arrebatei da morte certa, e me foi sempre agradecida. De minha experiência com ela, aprendi que devemos fazer o que consideramos certo, mesmo que tenhamos de enfrentar a resistência de outros. Acredito ter realizado muitas coisas na vida. Resgatar Sadie foi uma das mais gratificantes.

"Nada de lamúrias, nada de mágoas, nada de amarguras"

Lee Gaitan

Primeiras horas de uma manhã tempestuosa de janeiro, termômetros indicando 3 ou 4 graus negativos. Eu componho uma bela figura ali, de pé no jardim diante de casa – camisola de flanela vermelha, meias brancas e chinelos marrons, coberta com uma capa de chuva desajeitada deixada por alguém pouco antes do amanhecer. Flocos gelados espicaçam meu rosto. Ventos turbulentos açoitam minha camisola como um lenço de papel. Estou tremendo, molhada e sonolenta. Minha cama aquecida sussurra sedutora, mas permaneço inabalável, enfrentando os elementos. O que poderia motivar tal comportamento numa mulher madura? Insanidade temporária? Um eclipse lunar total? Remédios? Nada disso; algo muito mais forte e mais instigante: amor. Amor por um cachorrinho, para ser mais específica.

Estou ali fora de pé, a noite quase terminando, porque um filhote de 6 quilos me acordou, me fez pensar que se tratava de coisa séria e, agora que está aqui, não faz outra coisa senão farejar cada centímetro quadrado do gramado. Ele não tem a menor consideração por meu conforto e não demonstra o mínimo remorso. E a única coisa que me faria me apaixonar ainda mais por ele seria se aprendesse a falar e dissesse: "Desculpe dizer, mas acho que você ficaria melhor se ganhasse um pouco mais de peso."

Jif

Friends to the Forlorn Pit Bull Rescue
friendstotheforlorn.com

Seis semanas atrás, o amor chegou a minha casa e, aos 42 anos, estou reaprendendo a verdade de que o amor pode suavizar, e muito, as feridas que o amor causou. Seis meses antes, eu havia acertado a trifeta. Na época eu cuidava de uma irmã com o mal de Parkinson, meu marido perdera o emprego e eu tivera de tomar a dolorosa decisão de sacrificar minha amada *springer spaniel*, Ruckus, de 11 anos. Ela era o meu bebê, a minha companheira, o meu "cheirinho" predileto e o meu alívio cômico. Eu sofria muito por causa dela em meu coração, em minha alma, na medula dos meus ossos. Eu sentia sua falta nas formas mais rudes (não era mais derrubada ao ser recebida à porta) e nas mais suaves (não ouvia mais seu ressonar leve no canto do meu quarto). Finalmente, e relutando muito, ensaiei os primeiros passos para seguir em frente. Camas e tigelas de cachorro foram recolhidas. Brinquedos e ossos parcialmente roídos foram jogados no lixo. Coleira e guia foram cuidadosamente guardadas numa caixa de lembranças.

Aos poucos, a atenção aos comerciais de alimentos para cães deu lugar à elaboração de grandes planos para viver uma nova vida, livre de cães. Imaginei as fronteiras que eu podia conquistar, agora que não estava mais presa a um cachorro. Podia ficar fora de casa todo o dia, toda a noite até, sem um cachorro a quem atender ou com quem me preocupar. Não haveria potes de água para encher, passeios a fazer ou banhos a dar. E só as economias com o veterinário me dariam condições de me aposentar mais cedo. Eu teria liberdade total. Minhas amigas suspiravam de inveja. Eu concordava com um alívio levemente simulado. Nem um pelo de cachorro, e muito menos uma pegada de barro, tornariam a passar pela porta de meu elegante carro novo. Minhas portas francesas, finalmente livres das marcas de nariz lambuzado, brilhariam ao sol. Meus tapetes, recém-lavados e perfumados, agora continuariam assim por semanas, talvez meses. Sim, tudo seria tão... tão... limpo, e sossegado, e solitário.

Foi quando o amor chegou. Eu parei numa papelaria para comprar alguns materiais quando, por coincidência, percebi que a veterinária ao lado estava promovendo um dia de adoção. Eu não queria olhar, porque a perda de Ruckus fora muito dolorosa. Mesmo quando uma das atendentes pegou uma bolinha de pelo de cor caramelo, continuei repetindo que não queria outro cachorro. Por fim, a funcionária entendeu e levantou a pata do ainda anônimo Jif para me dizer tchau.

– Ponha-o no carro – eu disse, resignada mas feliz, sentindo-me dar o último passo para longe do abismo e voltar à luz do sol.

Eu lhe pus o nome Jif por causa da cor, mas principalmente porque mães exigentes escolhem Jif[4]. O pessoal da loja me disse que ele era um labrador mestiço, que fora encontrado, sozinho e abandonado, numa

---

[4] Marca de pasta de amendoim considerada preferência nacional nos EUA. (N. da E.)

caçamba de entulho. Ele entrou direto em meu coração, com um amor afável, suave, calmante. Chegou sem documentos, *pedigree* ou exigências, apenas com um amor sereno e incondicional para dar. Tudo bem, ele também veio com um nariz molhado, patas sujas e um sistema hidráulico avariado.

A ordem então deu lugar ao caos total em minha casa primorosamente arrumada. Brinquedos sibilantes se espalham por toda parte, meias e chinelos só estão a salvo quando guardados nas prateleiras bem altas, e cada vidraça no rés do chão leva uma mancha diferente. Certamente, não devia ser um pequeno vira-lata obscuro que Proust tinha em mente quando escreveu que "a verdadeira viagem de descoberta não consiste em procurar novas paisagens, mas em ter um novo olhar". Um novo olhar é exatamente o que esse cãozinho me deu. É difícil não se deixar envolver pela indescritível alegria e encantamento que ele manifesta por estar vivo. Ele está absolutamente convencido de que o mundo inteiro e todos os que nele habitam foram inventados unicamente para responder a seus cumprimentos. Ele se aproxima de todos com a mesma atitude aberta, cheia de expectativa, de "quero brincar". E o engraçado é que, nove vezes em dez, as pessoas fazem exatamente isso. Quanto às que não reagem assim, ele simplesmente vai em frente; nada de lamúrias, nada de mágoas, nada de amarguras. Uma lição de vida sobre quatro patas.

Dia após dia, esse grande-super-híper-mega-magno-sumo cãozinho me ensina novas lições sobre a vida e o amor. Com cada lambida em meu rosto, sinto raios de sol penetrar nas fendas e fissuras de minha alma, levando luz para recantos escuros que ficaram imersos na tristeza. Meus óculos podem estar sujos, mas minha visão foi corrigida. E sou agradecida por isso. Assim, a próxima vez que você me vir tremendo em minha camisola, tentando agradar um cãozinho maltratado – a mesma bola de pelo assustada que uma vez choramingava sozinha numa caçamba escura e suja –, eu sei exatamente o que você vai pensar: "Eis aí um cachorro de sorte!" Eu realmente tenho muita sorte.

"Ele é o meu pequeno guru"

Jenny Block

Nunca fui uma pessoa fanática por cães. Tive vários na vida, todos muito afáveis, mas nenhum deles "falou" comigo. Então conheci Walter. Ele era feio de doer, um mestiço *chihuahua-cairn terrier* minúsculo, esquálido, com algumas semanas de idade e pesando quase nada. Ele fora maltratado de forma brutal e pouco fazia no abrigo além de tremer num canto, aconchegado a seu pequeno irmão.

Eu estava no abrigo para ver os gatinhos, mas acabei segurando o frágil corpinho de Walter por horas, aninhando o meu rosto no pelo sarnento dele. Voltei para casa sozinha aquela noite, mas dormi mal. Eu o queria desesperadamente. Na manhã seguinte, retornei ao abrigo.

A atendente me informou que Walter fora apreendido com outros trinta animais da mesma residência, por mandado judicial. Quando pedi detalhes, ela disse que era melhor eu não saber e confirmou que Walter, de fato, estava com sarna, tosse de canil, alergias e luxação das rótulas. Nada disso importava, pois eu não poderia fazer nada de errado aos olhos dele, mesmo quando atrasasse um pouco seu jantar.

Walter tem a capacidade de saber o que eu preciso, quando preciso, e isso o transforma num ser com atributos supranaturais. Se estou doente, triste ou estressada, ele se deita sobre mim e me lambe o rosto. Se estou ansiosa e impaciente, ele arranha na porta até que eu resolva levá--lo a passear. Se estou irritada, ele deita de costas, fazendo-me interromper o que quer que esteja fazendo para coçar sua barriguinha pelada. Walter simplesmente sabe.

Uma amiga comentou, certa vez, que Walter e eu somos exatamente iguais. Temos alergias sazonais terríveis e perninhas muito magras, somos muito leais e adoramos receber afagos. Também precisamos de muita atenção, mas prezamos momentos de isolamento.

Um dia, Walter fez algo que produziu em mim uma mudança permanente. Foi algo muito simples, mas, em fração de segundos, compreendi toda sua profundidade. Eu estava fazendo o que me é habitual: escrevendo no *laptop*, falando ao celular, fazendo anotações em meu diário, escolhendo receitas para o jantar – tudo ao mesmo tempo, freneticamente. Em meio a isso tudo, Walter pulou no braço da cadeira estofada onde eu sentava e começou a tocar o meu rosto com a pata. Ele me tocava, afagava, acariciava. Por fim, interrompi o milhão de coisas que fazia e olhei para ele. Minha intenção era dar-lhe um peteleco e dizer-lhe para parar. Quem parou, porém, fui eu. Ele me olhou e, no mesmo instante, eu soube o que ele estava tentando dizer: "Tenha calma. Uma coisa por vez. Nada disso é questão de vida ou morte. Relaxe. Tire um minuto para me dar um pouco de carinho e ver quanto amo você. Esteja presente."

Sempre que me sinto sobrecarregada e distante de meu corpo, penso naquele momento e na expressão dos olhos lacrimosos de Walter, momento em que ele me ensinou uma das lições mais valiosas de minha vida. Hoje faço todo o possível para estar sempre presente, seja o que for que eu esteja fazendo. Procuro manter a atenção numa coisa por vez. E, sempre que Walter pede, dedico alguns minutos a lhe afagar a cabecinha.

Walter me ensina muitas coisas. Às vezes ele é o meu pequeno guru. Ele pratica yoga todas as manhãs, não porque faça a menor ideia do que seja, mas porque sabe que seu pequeno corpo precisa de alongamento antes de iniciar cada dia. Ele faz o ásana "cachorro olhando para baixo" todas as manhãs e todas as noites. Ele só come o necessário para saciar a fome. É cauteloso com estranhos até que se revelem. Sempre examina cada mínima coisa com que se depara, olhando-a com atenção, farejando-a e avaliando todos os seus aspectos. Mas a lição mais importante que aprendi de Walter é que sempre há tempo para amar e ser amada. Por mais doido que seja o dia que terei de enfrentar, Walter se achega a mim pela manhã, amolda-se a meu corpo e lambe minha mão. Ele suspira, se espicha e toca-me com as patas, como se dissesse: "O dia pode esperar um minuto. Você estará melhor preparada para vivê-lo se ficar pelo menos um instante sem pensar em nada, apenas na sorte que temos de amar e ser amados." Talvez ele só seja preguiçoso e não queira levantar. Mas acho que não. Mais do que tudo, Walter me ensinou a viver o momento, porque, enfim, momentos são tudo o que temos.

O universo tem um modo peculiar de fazer com que tenhamos o que precisamos no momento certo. As minhas necessidades estão todas contidas no pequenino corpo de um cãozinho esquálido. Eu não poderia ser mais agradecida por isso.

Walter

Society for the Prevention of Cruelty to animals Texas
spca.org

Hooch

Senior Animal Medical Aid Fund
samafund.org

"Uma virada do destino"

Michele Newman-Gehrum

No dia de Ano Novo de 2009, entrou em minha caixa eletrônica a mensagem de uma pessoa desconhecida. Era um e-mail dirigido a muitas pessoas, à procura de alguém que se prontificasse a ajudar a salvar um velho companheiro chamado Hooch. Esse e-mail foi uma virada do destino que mudou minha vida.

Hooch passou os primeiros dez anos de vida acorrentado ao relento. Ele sofreu ao longo dos invernos fustigantes e dos verões escaldantes do norte do Estado de Nova York, sem nenhum contato humano e sem comida e água suficientes. Os vizinhos ligaram inúmeras vezes para os responsáveis pelo controle de animais, mas estes estavam com as mãos atadas. Hooch estava num casebre tosco e dilapidado, caindo aos pedaços, e só por isso, por incrível que pareça, seus donos estavam ao abrigo da lei. Não havia lei que protegesse Hooch da negligência, do desleixo, da desumanidade.

Os representantes do Departamento de Educação do Estado de Nova York em Utica inspecionavam o *mastiff-bloodhound* castanho e marrom no lugar onde ele se encontrava; na verdade, onde patinhava sobre as próprias fezes, acorrentado num ponto do quintal atulhado de lixo. Dia após dia, ano após ano, os vizinhos viam como ele latia para quem passava, suplicando ajuda. Uma mulher disse que não abria mais as venezianas do escritório porque não suportava vê-lo naquele estado. Durante dez anos, todos viram o que acontecia. E então, um dia, notando que ele não saía mais de seu confinamento, chamaram novamente os responsáveis do setor de controle de animais. Estes foram até a casa do dono e pediram às pessoas presentes que assinassem um documento oficial desistindo da posse de Hooch. Todas se recusaram.

Alguns dias depois, Hooch deve ter encontrado forças para quebrar a corrente que o prendia e fugiu. Fugiu para sobreviver. Vendo-o livre, a vizinhança se solidarizou e os funcionários do controle de animais o recolheram. Uma vez sob custódia, com as correntes que o asfixiavam ainda presas ao pescoço, um grupo de resgate local enviou apelos para ajudá-lo a libertar-se definitivamente. Foi quando recebi o e-mail.

Enfrentávamos uma tempestade de neve, fato que não iria me deter. Meu marido, Bill, e eu não hesitamos. Entramos no carro e fizemos a viagem de quatro horas para resgatar Hooch. Nós o pegamos na Stephen Swan Humane Society, onde uma multidão havia se reunido para despedir-se dele. Dezenas de membros da comunidade estavam lá, inclusive funcionários do Departamento de Educação, pessoas que o haviam alimentado ao longo dos anos, pessoas de outros grupos de resgate, e outras mais. Fiquei esperando com todas elas enquanto meu marido o conduzia pela guia. E, então, Hooch virou-se, olhou diretamente para mim, sorriu e correu para meus braços abertos. Era como se fôssemos amigos separados havia muito tempo finalmente se reencontrando. Quando nos despedimos, lágrimas escorreram de muitos olhos. A mulher que não abria mais as venezianas do escritório estava lá, soluçando. Enfim, ela ajudara a facilitar a libertação de Hooch.

Hooch tinha feridas físicas no pescoço, pois as correntes haviam perfurado a pele. E também feridas emocionais – ele não conseguia relaxar e vivia cheio de ansiedade e incerteza. Seu peso ideal devia ser em torno de 55 quilos, mas pesava apenas 30.

Hooch simplesmente não conseguia dormir à noite, e ficava andando de um lado para o outro. Quando dormia, acordava em pânico. Todas as noites, no frio de congelar os ossos do norte de Nova York, caminhávamos com ele pelas ruas para acalmá-lo. Na volta, eu dormia no chão com ele, afagando e beijando sua cabeça, transmitindo-lhe a certeza de que ele estava seguro. Prometi que ele jamais seria magoado novamente e jamais voltaria a passar frio ou fome. Ele absorvia todo o amor que eu lhe dedicava. Ele conheceu biscoitos, bolas de tênis e passeios de carro. E então, certa manhã, depois de cinco semanas de convivência conosco, levantamos com o sol que despontava e percebemos que Hooch havia dormido a noite inteira. Foi um evento extraordinário.

Livre de seus agressores, Hooch amava a vida e tudo o que ela oferecia. Ele saboreava cada dia, momento, abraço e biscoito como se fosse o último. Ele ficava encantado e impressionado com os pássaros que voavam acima dele, com as risadas das crianças e com os flocos de neve. Passávamos horas e horas passeando, explorando a natureza e simplesmente relaxando juntos.

Nós morávamos perto de um campo de futebol, e eu levava Hooch para lá duas vezes ao dia. Uma vez lá, seus instintos de *bloodhound* rastreador assumiam o comando. Ele encostava o nariz no solo e farejava – de cá para lá, de lá para cá, debaixo de arbustos e mata adentro. Voltava sempre com um troféu, algum tipo de bola. Ele achava bolas de lacrosse, bolas de tênis, de beisebol, de *softbol*, de tudo. As de tênis eram as suas preferidas. Ele as trazia para casa e juntou uma coleção de centenas. No começo, Hooch não sabia o que era uma bola. Eu a rolava para ele, e ele só olhava, espantado. Eu as deixava ao redor da casa. Um dia, ele tocou casualmente numa delas e ela rolou, chamando sua atenção. Daquele dia em diante, ele começou a adorar bolas.

Foi quando eu procurava ajudar Hooch que aprendi o verdadeiro significado da expressão "viver o momento". Ele conseguia distanciar-se de seu desventurado passado com entusiasmo. Ele me ensinou a superar os desafios da vida e a não alimentar sentimentos malévolos contra os outros.

Ficou claro para mim que nossa jornada não consistia no meu esforço para reabilitar Hooch, mas sim no fato de Hooch unir vidas e educar as pessoas sobre a importância da empatia humana para com os animais.

Como defensora dos animais, com a convivência com Hooch aprendi que se trata menos de recuperar os animais que eu resgato do que de, realmente, compreender as dádivas que eles me propiciam. Hooch era, realmente, uma criatura com atributos divinos.

Tive a oportunidade de aprender com Hooch somente durante um ano e quatro meses. Foi tempo suficiente para assimilar lições para toda a vida, sobre paciência, compreensão, humildade e vulnerabilidade, mas não longo o bastante para abraços, beijos e declarações de amor.

Celebro a vida de Hooch todos os dias, dividindo com outras pessoas a jornada dele e incentivando legisladores a criar e consolidar leis voltadas ao bem-estar animal, para que possamos acabar com o sofrimento de criaturas inocentes como Hooch. Não é certo alguém sofrer em silêncio e não é justo atar as mãos daqueles que querem proteger os inocentes contra abusos de qualquer natureza.

"Eu não estaria viva"

Alyssa Denis

Aos 21 anos de idade, eu era perfeitamente saudável. Havia me mudado de uma cidadezinha do interior para Calgary, no Canadá, e estava terminando o primeiro ano de estudos para ser paramédica. Tudo mudou quando comecei a tossir e cuspir sangue. Os médicos chegaram a pensar que eu tivesse sido envenenada com antraz, vítima de terrorismo. Depois veio o diagnóstico de leucemia. Fiz muitas consultas com médicos e muitas corridas a hospitais. Dois anos se passaram antes que eu recebesse um diagnóstico definitivo. Eu estava com lúpus eritematoso sistêmico (LES).

O lúpus ataca o sistema imunológico. Ele afetou meu coração, pulmões, rins, cérebro, células da pele e quase todos os principais órgãos do corpo. Ele se concentrou no coração e nos pulmões, criando tecido cicatricial que prejudicava e enfraquecia os órgãos.

Comecei as sessões de quimioterapia, a mesma que recebia uma amiga minha que sofria de leucemia. O objetivo era eliminar as células malignas. Recebi quimioterapia durante três anos e meio. O tratamento ajudou a controlar o lúpus e seguramente salvou minha vida, mas acarretou um efeito colateral negativo. Para me tratar com quimioterapia, eu precisava também receber esteroides. Os esteroides inibiam a absorção de cálcio e vitamina D pelos ossos, o que desenvolveu uma osteoporose severa. Meus ossos se tornaram finos e quebradiços, e terminei quebrando três vértebras na coluna, muito provavelmente ao me virar na cama durante o sono. A cirurgia não ajudou. Fiquei com dor lombar intensa e crônica.

Fiquei presa a uma cadeira de rodas e mal conseguia fazer coisas simples como vestir uma camisa. A cada tratamento malsucedido, e eram muitos, eu ficava mais e mais deprimida. Estava me tornando uma confinada. Meu único contato humano era com meus pais, que moravam a três horas e meia de distância, e com meus amigos online. Para piorar as coisas, fui prevenida de que não chegaria aos 25 anos de idade.

Foi nessa época que comecei a participar do Dia de Convivência, em que eu passava o tempo com outras pessoas portadoras de deficiências. Um dia, conheci um rapaz tetraplégico. Ele tinha um labrador *retriever*, e nós começamos a conversar sobre cães. Ele disse que recebera o cachorro da Lions Foundation of Canada, e sugeriu que eu me candidatasse a um. Eu não conseguia imaginar nenhum motivo que levasse a Lions a dar um cachorro a alguém com lúpus. Mas me inscrevi assim mesmo.

O processo foi longo. Houve uma entrevista em casa, entrevistas por telefone, formulários, recomendações médicas e referências pessoais. Vinte amigos meus escreveram para a Fundação pedindo que considerassem a possibilidade de me dar um cão de serviço. Quase dois anos se passaram, e eu tinha certeza de que não conseguiria um cachorro. Foi então que recebi a notícia. O Lions estava me oferecendo uma labrador *retriever* preta chamada Luna. Antes de poder levá-la para casa, porém, eu precisava participar de um período de treinamento com ela. Fui levada de avião para Oakville, Ontário, onde treinei com Luna durante três semanas. O trabalho foi exaustivo, mas valeu a pena.

Quando se tem um cachorro, é preciso levá-lo para passear. Durante cinco anos, eu passara a vida na cama e no sono o dia inteiro. Agora eu precisava me levantar, me vestir e sair de casa. O simples fato de ter de levantar, de sair da cama e ir para a rua fez uma enorme diferença em minha vida. A cada dia, Luna e eu íamos um pouco mais longe que no dia anterior. Em pouco tempo eu estava usando as muletas, em vez da cadeira de rodas. Aos poucos, e com segurança, a presença dessa cadela, em quem eu acreditava e que me amava quaisquer que fossem as circunstâncias, me deu a confiança que eu estivera procurando. Eu estava novamente em movimento.

E estava também fazendo novos amigos. Luna quebrava o gelo. As pessoas se aproximavam de mim perguntando sobre ela e pedindo para acariciá-la. Antes dela, quando eu estava sozinha e na cadeira de rodas, muito poucas pessoas se davam ao trabalho de dizer "olá". Com Luna, tudo mudou.

Fazia menos de quatro meses que Luna estava comigo quando uma guinada radical ocorreu em nossa relação. Era uma noite quente de agosto, à meia-noite. Eu ainda estava conhecendo Luna e não tinha certeza se ela precisava sair ou não. Como nós duas estávamos de pé e era quase hora de dormir, decidi levá-la para um passeio – uma das decisões menos inteligentes que tomei. Em vez da cadeira de rodas, usei as muletas. Levei Luna para um campo próximo e tirei a guia. Eu estava começando um jogo de buscar a sua bola fosforescente preferida quando, sem mais nem menos, meu mundo começou a girar. Alguma coisa estava muito errada.

Caí desmaiada. Quando voltei a mim, Luna estava a meu lado, lambendo meu rosto, como fora treinada a fazer. Tentei me levantar, mas não consegui. Então apoiei uma das mãos nas espáduas de Luna e a outra no seu quadril, e pedi que ficasse firme. Ela aguentou, mas eu não consegui levantar. Então pedi que se firmasse de novo, e dessa vez coloquei os braços em torno do pescoço dela. Sem que eu precisasse lhe dizer, ela sabia que precisava me levar para casa. E foi isso que fez. Ela usou sua força para me puxar por todo trajeto até em casa.

Quando chegamos ao apartamento, pedi a Luna que buscasse o telefone, o que ela fez sem vacilar. Telefonei para meu avô pedindo ajuda. Ele veio e nos levou para o hospital.

Os exames revelaram que eu havia tido um pequeno derrame. A única coisa que me passava pela cabeça era que eu tinha muita sorte. No parque, Luna havia passado diretamente do modo brincadeira para o modo proteção. Ela poderia ter fugido ou ido à caça de coelhos que vivem no parque. Em vez disso, aproximou-se de mim e me lambeu até eu recobrar a consciência. Eu sabia que Luna era incrível, mas não fazia ideia do quanto era maravilhosa.

Por causa dela, tenho a minha vida de volta. Luna é a melhor coisa que já me aconteceu. Não estou mais sozinha e sei que nunca mais vou ficar sozinha. E estou desafiando as probabilidades. Estou com 28 anos agora e ninguém esperava que eu chegasse a essa idade. Frequento a escola para ser técnica de laboratório. E no momento estou usando mais as muletas do que a cadeira de rodas. Sei que é porque Luna está aqui, me ajudando a continuar a viver. Luna é o meu presente de Deus. Eu não estaria aqui se não fosse por ela.

Alyssa e Luna

Lions Foundation of Canada
dogguides.com

"Tive um impulso muito estranho, incontrolável, de participar de um bingo"

Dorothy Lemme

É muito difícil pertencer a uma família de militar quando se é transferido para outro país e obrigado a deixar um bichinho de estimação para trás. Foi isso que aconteceu com minha família em 1979. Meu marido, David, estava na Força Aérea, e foi transferido para a Base Aérea Kadena, em Okinawa, Japão, para um período de três anos. Tivemos de deixar nosso cachorro, Dasher, com parentes nos Estados Unidos.

As crianças, Shari, de 13 anos, e Scott, de 3, encararam a mudança como uma aventura e fizeram a transição muito bem. Cada um de nós se adaptou a sua maneira, mas sentíamos falta de alguma coisa: o nosso cachorro. Por isso nos reunimos e tomamos uma decisão familiar: adotaríamos um cachorro no Japão.

Alguns dias depois, David voltou do trabalho com um filhote de 11 meses, mestiço, de cor dourada, que ele encontrou num canil local. Nós a chamamos de Penny, e ela pareceu entender imediatamente que era um membro da família. David, porém, apressou-se em adiantar que, quando chegasse o tempo de voltar, teríamos de deixar Penny no Japão. David era um militar enérgico, e também mandava na casa. O que ele dizia era lei. Sempre nos aborrecíamos quando ele lembrava que não poderíamos levar Penny conosco. E ele nos lembrava frequentemente. Acho que era o seu jeito de dizer que não devíamos nos apegar.

Penny tinha um aspecto alegre e uma cauda felpuda. Se a cauda não estava abanando, ela a colocava sobre as costas, e nós dizíamos que era seu guarda-chuva. Ela era graciosa, amorosa e dedicada. E tinha um jeito engraçado de dizer "por favor", fazendo o que chamávamos de "a pose". Quando queria alguma coisa, sentava sobre as pernas traseiras, levantava as pernas dianteiras, e soltava as patas, ficando bem reta. Nós gostávamos de tudo em Penny.

Shari, Penny e Scott

Homes for the Homeless
homesforthehomeless.org

Desde a primeira noite em que Penny ficou conosco, ela dormiu ao lado da cama de Scott, como seu anjo da guarda. Shari também a amava e resolveu inscrevê-la num curso de obediência básica para cães, oferecido na base. No primeiro dia de aula, o instrutor disse a Shari para não esperar muito de sua cadela, pois ela era de raça mista, e a maioria dos outros cães inscritos era de raças puras. Mas Shari se destacou, e, depois de doze semanas de treinamento, nossa cachorrinha Penny foi a vencedora de todos os prêmios.

Com o tempo de serviço aproximando-se do fim, David passou a me lembrar quase diariamente para começar a procurar uma família que adotasse Penny. Eu queria levá-la para casa, mas era muito caro transportá-la de avião para os Estados Unidos. Bem no momento em que eu perdia as esperanças, aconteceu um milagre.

Oito semanas antes da data prevista para o embarque, tive um impulso muito estranho, incontrolável, de participar de uma noite de bingo no Clube de Oficiais Não Comissionados, e isso apenas trinta minutos antes do horário previsto para o início. Eu raramente jogava bingo, e, quando me dispunha a fazê-lo, ia sempre com uma amiga. Alguma coisa me impelia naquela noite, porém. Eu precisava ir. Nem sequer convidei minha amiga. Simplesmente saí, deixando David com as crianças.

Pois bem, ganhei 600 dólares na primeira rodada do jogo. Eu não podia acreditar. Voltei para casa e contei a David o meu golpe de sorte. Ele disse que eu podia sair da área da base para fazer compras e escolher alguma lembrança japonesa para levar para casa. Eu olhei para ele e apontei para Penny. "Vou levar Penny para casa conosco", eu disse. Penny era o único presente que eu queria levar do Japão.

Nossa etapa seguinte era na Base da Força Aérea Randolph, em San Antonio, Texas. Partimos sem Penny porque não podíamos levá-la no mesmo voo conosco. Ela teria de viajar sozinha. Sem que soubéssemos, ela ficou num depósito no Japão durante vários dias, por causa de uma greve dos controladores de cargas. Em seguida, após chegar aos Estados Unidos, ela ficou extraviada e acabou em Chicago. Depois de muitos dias e de muitos telefonemas furiosos, aconteceu o segundo milagre, quando voltamos a ter Penny conosco no Texas.

Penny e nosso outro cachorro, Dasher, que havíamos deixado com parentes três anos antes, deram-se muito bem. Penny assumiu novamente seu posto ao lado da cama de Scott e ocupou esse lugar todas as noites, até o dia em que ele foi para a faculdade. Ela ficou conosco por dezessete anos.

Penny continua presente todos os dias em nossa memória. Ela mudou a nossa vida de uma forma positiva.

Seus atributos sublimes, de paciência, de bondade e de perdão, são exemplos de algumas virtudes importantes que acredito que Deus quer que imitemos. Para mim, ela foi uma mensageira divina, enviada para nos guiar.

Quando relembro a necessidade inexplicável que tive de ir a um jogo de bingo, sei que Deus nos dá presentes quando menos os esperamos. Penny foi um presente de Deus para nós e os 600 dólares que usei para pagar sua passagem foram os melhores que já gastei.

"Sinto-me totalmente segura agora"

Cheryl Elia

Eu tinha 45 anos quando recebi o diagnóstico de esclerose múltipla, uma doença progressiva e crônica do sistema nervoso central. Não podia mais trabalhar, e então resolvi ter um cachorro para me fazer companhia durante os longos dias que eu passava sozinha.

Dirigi-me ao abrigo para animais em Manahawkin, New Jersey. Percorri as instalações e me detive diante do canil de uma labrador *retriever* chamada Lilly, 12 anos, 45 quilos, amarela, que me cumprimentou abanando e batendo a cauda. A família a que ela pertencera precisou se mudar e, como não podia levá-la, resolveu deixá-la no abrigo. Informaram-me que, por causa da idade, Lilly teria de ser sacrificada em pouco tempo. Não levei isso em consideração e nós duas fomos embora juntas.

Quando a esclerose ataca, tenho vertigens e problemas de equilíbrio e visão. O lado direito do corpo, da cabeça aos pés, está sempre entorpecido e com formigamento. A sensação de todo o lado direito é a mesma de um pé dormente. Essa sensação nunca me abandona, e, durante uma crise, ela se torna ainda mais debilitante. É muito difícil me movimentar.

Eu soube que Lilly era o meu anjo da guarda quando enfrentamos a primeira tempestade de neve juntas. Sessenta centímetros de neve cobriam o terreno. Eu precisava atravessar a rua para chegar à minha caixa postal, mas não podia usar a bengala com quatro apoios porque o solo ainda estava com neve e desnivelado. Eu caminhava bem devagar, quando Lilly fez algo totalmente inesperado. Ela pressionou o corpo contra as minhas pernas e caminhou lentamente a meu lado, mantendo a pressão o tempo todo. Ela impediu que eu caísse e me ajudou a manter o equilíbrio. Sempre que eu parava, ela parava, ficando a meu lado até que eu me dispusesse a prosseguir. Ela fez isso em todo o percurso, até a caixa e de volta, até eu chegar em casa com segurança.

Essa foi a primeira vez que me dei conta de sua capacidade extraordinária de pressentir o que eu necessitava. Desde então, como minha doença avançou, Lilly está sempre a meu lado, ajudando-me a caminhar, sem ser ensinada ou sem que eu lhe peça. Algumas vezes em que caí e não consegui me levantar sozinha, Lilly ficou a meu lado, firmava-se e deixava que eu me apoiasse no corpo dela para me levantar.

Ela está presente também emocionalmente. É muito difícil conviver com uma doença que se agrava a cada dia. Quando estou triste e deprimida, ela me conforta recostando a cabeça no meu colo, como a me dizer que compreende e está ali para me apoiar.

Quando recebi o diagnóstico de esclerose múltipla, perdi tudo. Precisei fechar meu negócio e não tinha dinheiro enquanto esperava a aprovação para receber a seguridade social. Deprimida, eu chorava todos os dias. Sem o amor e a companhia de Lilly, acho que não teria aguentado até aqui. Sinto-me totalmente segura agora.

Aprendi com Lilly muitas lições sobre o verdadeiro amor e a lealdade. É como se ela soubesse que eu salvei a vida dela e agora ela está salvando a minha. Ela é puro amor. Acredito piamente que Lilly é uma dádiva divina. Ela faz com que me sinta amada quando tenho a sensação de que mais ninguém compreende o que a esclerose está fazendo comigo. Quando outros se afastam e me consideram um peso, Lilly permanece a meu lado e me ama com amor incondicional. É por isso que ela é o meu anjo.

Friends of Southern Ocean County Animal Shelter
fosocas.org

Keisha e Lisa

Greater Androscoggin Humane Society
gahumane.org

"Rezei para que alguma coisa boa acontecesse na minha vida"

Lisa Gagnon

Adotei Daisy de uma Sociedade Protetora dos Animais em março de 2003. Fui informada de que ela era uma *walker coon hound* e tinha em torno de 4 anos de idade. Sua aparência era de um *beagle* alto. Eu estava empolgada. Meus dois filhos iriam adorá-la. Tudo seria maravilhoso.

Mas, quando cheguei em casa, percebi que Daisy tinha problemas de confiança e muito medo, principalmente de homens. No início, ela não se aproximava de meu marido e hesitava com relação a mim. Seu medo era tanto, que eu precisava me ajoelhar para chegar perto dela. Mas eu estava decidida a ajudá-la a fazer a transição.

Nós trabalhamos em conjunto, e com o tempo ela começou a confiar. Ela já tentava sair de sua concha quando a primeira tempestade de neve do inverno desabou. Meu marido tinha um serviço a fazer na vizinhança; ele ou alguém deixou a porta de casa aberta sem querer e Daisy foi para fora. Vendo que ela corria atrás do carro, meu marido parou e mandou-a voltar. Ela deu meia-volta e tomou o caminho de casa. Ele entrou no carro e foi embora. Mas, sem que ele percebesse, ela tornou a segui-lo.

Comecei a chamar Daisy da porta da frente, mas ela não vinha. Quarenta e cinco minutos se passaram e eu já estava ficando desnorteada. A neve caía com intensidade e se acumulava. E então o telefone tocou. Era do pronto-socorro veterinário local. Daisy estava lá. Ela havia sido atropelada por um carro, e a motorista a deixara lá. Estava com a espinha quebrada. Corri para a clínica. Não havia opções. Fiquei desolada. Eu havia falhado com ela.

Entrei em depressão. Senti como se tivesse perdido um filho. A minha garota havia sido a minha terapia, o Prozac que eu não precisava tomar. Afagar suas orelhas e deitar com ela me confortara e deixara feliz. Sem ela, fiquei prostrada.

Comecei a rezar. Pedi a Deus que fizesse o favor de trazer alguma alegria ou luz para o meu caminho. Eu dizia essa oração havia mais de uma semana, quando certa manhã muito fria eu dirigia pela estrada e vi um *beagle*. Eu me aproximei dele e desci do carro. Seus pequenos pés estavam tão gelados que ele não conseguia parar de tremer. Meu coração começou a palpitar quando me ocorreu a ideia de que esse cachorro podia ser a resposta às minhas orações. Mas ele tinha identificação e foi imediatamente entregue a seus donos.

Aquela noite, de volta para casa, me dei conta de que o pensamento de ter um cachorro me deixava feliz. Então, reformulei a minha oração. Comecei a pedir a Deus que me ajudasse a encontrar o cachorro certo para mim e para minha família, e que me desse um sinal que me fizesse saber qual era esse cachorro.

Comecei a procurar. Visitei o Serviço de Proteção aos Animais, pesquisei na Internet, esquadrinhei jornais e por fim olhei num *Uncle Henry's*. *Uncle Henry's* é uma publicação de anúncios classificados de âmbito estadual, através do qual as pessoas compram e vendem de tudo, desde carros usados até *hamsters*. Havia centenas de anúncios de cães.

Eu tinha meus critérios. Não queria um cão de raça pura, mas um que precisasse de mim. Um anúncio chamou minha atenção, o de uma labrador mestiça, de 2 anos e meio, de pelagem preta e de boas maneiras. Ela vinha de uma cidade próxima e podia ser adotada por uma família dedicada.

Liguei para o número indicado e disse à mulher que eu vira o anúncio. Ela me informou que outra pessoa já havia telefonado pedindo informações, mas mesmo assim prolongou a conversa comigo. Perguntou-me se eu tinha algum outro animal de estimação, e eu contei a triste história da perda de Daisy. Disse-lhe também onde morávamos. Ela comentou que havia crescido na minha vizinhança, especificando o lugar. Foi então que surgiu uma luz na minha mente. Eu sabia que a senhora que atropelara Daisy havia morado naquela casa, e perguntei à mulher se ela a conhecia. Com um suspiro, ela se deu conta. "Foi minha mãe que atropelou sua cadela", disse. Explicou que sua mãe estava indo para uma festa natalina em família aquela noite e tinha ficado arrasada com o acidente. Ela tinha um cobertor no carro e correra com Daisy até o pronto-socorro veterinário.

Ao ouvir isso, caí de joelhos. Esse era o meu sinal. Deus estava respondendo à minha prece mais uma vez. Não se tratava de coincidência. Esse era o meu cachorro enviado por Deus. Eu disse a ela que queria ficar com a cadela.

Mas ela precisaria retornar a ligação para a outra mulher, porque, afinal, ela tinha a preferência. Expliquei-lhe por que acreditava que essa cadela era presente meu. Ela compreendeu. Quinze minutos depois, ela ligou para dizer que eu era dona de uma labrador chamada Keisha.

Quando Keisha chegou à minha casa aquela tarde, percebi que os mamilos estavam muito infeccionados e ela estava no cio. Perguntei se era possível que ela estivesse prenhe, e a mulher respondeu que achava que não. Mas ela tinha outros cinco cães, e nem todos estavam esterilizados. Era uma possibilidade evidente.

Keisha se adaptou imediatamente a nossa família. Ela era afetuosa, gostava de atenção e sempre descansava com a cabeça no meu colo ou nos meus pés.

Sessenta e três dias depois que estava conosco, Keisha teve nove filhotes. Ficamos com um deles, a que demos o nome de Rosie. Keisha tem hoje 9 anos, e Rosie, 6. Elas são tudo o que eu poderia pedir, e mais. Sou duplamente abençoada.

Deus responde a nossas preces, e sempre no momento oportuno. Talvez não seja no momento que nós consideramos como oportuno, mas é o momento oportuno para Ele, pois o tempo Lhe pertence. Quando olho Keisha nos olhos e lhe dou meu amor, tenho plena consciência de que ela é meu presente. Ela foi enviada pelos céus. Ela é minha cadelinha divina.

"Ele olhou para mim e me estendeu a pata"

Karen Talbot

Em 2009, eu era presidente da Associação de Pais e Mestres da Escola Primária St. Joseph, em Hammonton, New Jersey. A escola iria desenvolver um projeto de extensão comunitária, e eu sugeri o tema do resgate de animais.

Os alunos e os pais gostaram da ideia. Denominamos o projeto "Patas por uma causa" e nos propusemos uma missão extraordinária: resgatar cães que seriam sacrificados em abrigos na Geórgia e transportá-los para lares temporários em New Jersey.

Durante três meses, trabalhamos com várias organizações de resgate na Geórgia. Elas retirariam os cães do corredor da morte, pagariam os serviços veterinários e os medicamentos, os isolariam em quarentena e organizariam o transporte até nós. Os meios de transporte chegariam a qualquer hora do dia ou da noite. As famílias iriam esperar os cães, normalmente num ponto da rodovia, e os levariam para casa, cuidando deles até ser encontrada a casa mais compatível com eles.

Numa manhã particularmente chuvosa, o ônibus da Geórgia devia chegar a Filadélfia às 3 da madrugada, com um único cachorro. Eu me ofereci para ir buscá-lo.

Encontrei a motorista do ônibus no estacionamento de um hotel perto do aeroporto de Filadélfia. Ela tirou um mestiço *beagle-jack russell* de uma caixa de transporte e o entregou a mim. Quando eu via um ônibus cheio de caixas com cachorros, ficava imaginando o que devia passar pela cabeça desses pobres animais. Eles estavam num lugar escuro, frio e solitário, esperando a morte. Os que tinham sorte eram salvos apenas minutos antes de ser levados para as câmaras de gás. Eles eram mantidos em quarentena e tratados durante duas semanas antes de viajar. Em seguida, eram postos em caixas de transporte e carregados em veículos para enfrentar a longa viagem de quatorze horas, com outros animais assustados, rumo a um futuro incerto. Eles não faziam ideia do que o destino lhes reservava. Não tinham controle de nada.

Pensamentos assim passavam pela minha mente enquanto eu olhava o meu novo amigo nos olhos. A luz de um poste iluminava sua face. Seu nome era Buddy, e seu olhar confirmava que ele se sentia à vontade e seguro comigo.

Já no carro, Buddy adormeceu profundamente. Antes de chegarmos em casa aquela manhã, ele sentou no banco do passageiro, olhou para mim e me estendeu a pata. Naquele momento, eu soube que ele estava agradecido.

Quando chegamos em casa, onde Buddy ficaria por alguns dias, uma matilha inteira o aguardava. Como ele não era mais um filhote, eu estava curiosa para ver como seria sua interação com meus outros três cães: Winnie, um mestiço labrador-*coon hound* amarelo; Pooh, um labrador amarelo, e Roo, um *doberman* mestiço. Eles formavam uma matilha coesa, e eu temia que talvez não o aceitassem. Eu os apresentei com cautela. Depois de certificar-me de que se dariam bem, fui para a cozinha preparar o café para meu filho. Enquanto eu mexia os ovos, dei-me conta de um silêncio incômodo para uma casa com quatro cães e assoalho de madeira. Temi que o silêncio não fosse de ouro! Então me virei e olhei para a sala de recreação. Meus três cães cercavam Buddy, mas ele não estava com medo. Pelo contrário, oferecia a pata para cada um deles. A mesma pata com que havia me tranquilizado, ele estendia agora a meus cachorros. Ele estava nos ensinando uma lição de perdão, cura, compaixão e confiança, tudo com o simples gesto de nos dar a única coisa que tinha para dar, sua pata.

Eu não estava sequer considerando a ideia de ter um quarto cachorro. Mesmo se estivesse, eu não acharia justo fazer Buddy perder a oportunidade de ter seu próprio lar. Pelo menos, foi isso que racionalizei para mim mesma enquanto levava Buddy para sua próxima residência temporária, com um grupo de resgate de *beagles*.

O abrigo era um espaço acolhedor, que atendia a 35 *beagles*. Enquanto eu entregava os registros de Buddy para o responsável, ele foi levado até uma área externa. Eu me despedi rapidamente e fui para o carro. Ao dar ré para sair do acesso à entrada, olhei para Buddy. Ele olhava para mim e estendia a pata através das grades. Fiquei comovida. Um nó se formou na minha garganta e a tristeza tomou conta de mim enquanto olhava pelo retrovisor.

Fui para o trabalho com a esperança de que as distrações do dia a dia compensariam meu abatimento. Um dia se transformou em dois, e eu não conseguia tirar Buddy da cabeça. Longe dos olhos, longe do coração não estava dando resultado para mim. Afastei meus pensamentos racionalizando que Buddy estava no melhor lugar para encontrar seu lar permanente.

Passada uma semana, recebi uma ligação que transformou minha vida. O responsável pelo abrigo estava me telefonando para dizer que Buddy não se entendia com um dos 35 *beagles* lá recolhidos. Alguém precisava levá-lo até que ele pudesse ser adotado. Comecei a tremer. Interrompi tudo o que estava fazendo e corri até o abrigo para recuperar o meu pequeno amigo.

Ao chegar lá, Buddy correu em minha direção, pulando e latindo todo animado e cheio de alegria. Eu o havia amado o bastante para libertá-lo e ele voltava para mim.

As lições de confiança, perdão, cura e compaixão que acompanham o resgate de um único cachorro são imensuráveis. Buddy me ensinou que, quando aprendemos com as crianças e com os animais, o mundo se torna um lugar muito melhor.

Mais importante de tudo, o que começou como um programa de extensão comunitária de três meses para uma escola, se transformou numa entidade beneficente permanente voltada ao resgate de cães e de outros animais dos abrigos que os mantêm por algum tempo para depois sacrificá-los.

Buddy e Karen

Carpathia Paws
carpathiapaws.com

"Eu é que lhe era agradecida"

Lorri Denton

Red chegou a nós com a idade de 12 anos, por meio da Rimrock Humane Society, localizada em Roundup, Montana. Nós tomamos conta dele enquanto sua dona estava sendo julgada por maus-tratos a animais.

Red, um *springer spaniel* mestiço ruivo, fora resgatado de uma mulher que o mantinha com dois gatos num casebre nos fundos da casa do seu falecido pai. Ela morava a setenta quilômetros do local e ia ver os animais a cada quinze dias. Os vizinhos chamaram a polícia, que foi averiguar a situação, mas como os bichinhos tinham água, comida e abrigo, não pôde fazer nada legalmente para ajudá-los. A vizinhança continuou telefonando, pedindo ajuda, pois os latidos lamentosos de Red se tornaram gemidos esmorecidos. Por fim, a Rimrock Humane Society ficou sabendo do caso e, em conjunto com a polícia, confiscou os animais. Quando resgataram Red, descobriram que havia quinze ratos mortos no bebedouro, a comida era uma sacola aberta no chão e o ar mal entrava por um pequeno buraco que ele havia feito com o focinho. Ele ficara trancado com os gatos durante dois anos.

Meu marido e eu cuidávamos de Red havia seis meses quando recebemos a notícia que aguardávamos ansiosos. A dona dele fora condenada por maus-tratos a animais. Se o quiséssemos, Red era legalmente nosso. Estávamos aliviados e felizes. Nós o amávamos. Ele finalmente estava seguro e no lugar onde devia estar, conosco.

Red se adaptou perfeitamente a nossa família. Ele era agradecido por tudo. Sempre que dávamos comida, trocávamos a água ou lhe dávamos alguma guloseima, ele uivava e dançava com grande satisfação. E nunca se esqueceu de onde veio. Ele tinha pesadelos horríveis, e os raios o aterrorizavam. Quando havia tempestades com raios e trovões, eu me abrigava com ele debaixo dos cobertores, até que tudo passasse. E, quando os pesadelos chegavam, eu me deitava a seu lado e o confortava. Ele olhava para mim cheio de gratidão e devoção. O que Red não sabia é que ele também era um conforto para mim. E eu é que lhe era agradecida.

Eu estava com 46 anos e pesava 150 quilos. Queria mudar. Queria caber nas roupas, caber em qualquer cabine telefônica ou cadeira num restaurante, caber num assento de avião. Eu queria caber.

Comecei minha jornada para perder peso porque estava assustada com o que fatalmente me aconteceria se não fizesse isso. Eu participara de um seminário promovido pela empresa e ouvi um médico falar sobre síndrome metabólica, uma combinação de pressão alta, colesterol elevado e diabetes. Eu ainda não tinha diabetes, mas sabia que ela chegaria se eu não tomasse providências.

Comecei mantendo um diário de tudo o que eu comia e de como me sentia. Também iniciei uma rotina de exercícios. Todos os dias, durante uma hora, assistia ao programa de Richard Simmons num DVD, que me orientava na execução de exercícios aeróbicos de baixo impacto com o uso de pesos leves. Enquanto me exercitava, Red me observava com toda atenção, sentado ou deitado perto de mim. No fim de cada sessão, ao espreguiçar-me, eu rolava na direção dele e era recompensada com lambidelas e afagos de focinho. Era uma luta fazer os exercícios, mas o fato de saber que Red esperava ansioso pela rotina matinal, e que me observava praticando, me deu forças para perseverar.

E embora Red se mantivesse atento ao que eu fazia, ele também executava os exercícios dele.

Red

Rimrock Humane Society
rimrockhumanesociety.org

Meu marido e eu tínhamos um hotel para cães, localizado numa colina 200 metros acima de nossa casa. Todas as manhãs, víamos Red fazer sua caminhada solitária. Ele começava na varanda da frente, fazia um alongamento prolongado, depois caminhava pelo gramado aparado e, logo adiante, pelo capinzal, acompanhando a cerca. Daí ele ia 150 metros colina acima e contornava as instalações, para finalmente aparecer na frente da primeira fileira de canis externos. Víamos como ele farejava cada canil, dando bom-dia para cada cachorro. Os cachorros quase sempre latiam para ele, mas logo se acalmavam quando ele passava para o canil seguinte. Só posso acreditar que ele consolava os cães.

Dois anos se passaram, e nossas rotinas não sofreram alterações. Red fazia suas caminhadas solitárias, confortadoras, e em seguida se juntava a mim enquanto eu fazia os meus exercícios. Eu precisava me esforçar para fazer os exercícios gravados. O que me estimulava era ver que Red estava ali ao meu lado, esperando e observando. Ele nunca me deixou sozinha.

Eu tinha 45 anos e Red 12 quando ele chegou. Ele estava com 16 quando nos deixou. Ele me ensinou a viver cada dia com coração esperançoso e agradecido. E ajudou a salvar a minha vida. Em nosso tempo juntos, eu perdi 70 quilos.

Não passo um único dia sem me lembrar do olhar de Red, observando-me amorosamente enquanto eu me esforçava com os exercícios. Aprendi uma lição valiosa daquele cão maravilhoso. Se ele podia me amar depois de tudo pelo que havia passado, eu podia amar a mim mesma.

"Vi sua alma reviver"

Deana Whitfield

Trabalho para uma entidade de âmbito nacional, sem fins lucrativos, que se dedica a libertar cães acorrentados, confinados e esquecidos em fundos de quintais. A Dogs Deserve Better trabalha pela libertação de cães presos e, em parceria com grupos de resgate e adoção, empenha-se em encontrar lares adotivos para esses cães.

Eu trabalho na organização como voluntária, orientando donos de cães e fazendo resgates nos municípios de San Bernardino e Riverside, na Califórnia. Vigora na Califórnia uma lei que proíbe e torna ilegais situações como acorrentar ou amarrar um cachorro por mais de três horas por dia, mantê-lo ao relento e privá-lo de água e alimentação adequadas. Ao orientar os proprietários, explico essas e outras leis e procuro conscientizá-los a respeito da crueldade psicológica inerente ao ato de prender um cachorro sozinho, sem a presença de outros cães ou de seres humanos.

Resgatei muitos cães de correntes, e não houve um deles sequer que não tenha demonstrado gratidão. Depois de livres, todos eles assumiram um comportamento diferente. A história a seguir é sobre um desses cães, que me impressionou de modo inesquecível depois que vi sua alma reviver em questão de segundos.

Em julho de 2010, recebi a ligação de uma boa samaritana chamada Vivianna, que estava preocupada com um *pit bull terrier* de 12 meses chamado Capone. Os donos dele quase não lhe davam comida nem água; era a família dela que em geral o alimentava. Esclareceu que o cachorro estava acorrentado sobre um piso de concreto, sem nada que o abrigasse do sol e da chuva, e que vivia nessa situação desde filhote. Ela observara dia após dia esse abandono e negligência do dono.

O calor era abrasador, chegando a 40 °C, quando conheci o cão de cor creme e castanha de nome Capone. Ele não tinha comida. Não havia água. Obviamente, o cachorro era pura pele. Ele me olhou de forma absolutamente inexpressiva. Não tinha energia nenhuma e, evidentemente, não queria brincar. Por que quereria? Combalido e destroçado, a almofada das patas estava queimada. Dava para ver que ele não tinha razão nenhuma pela qual viver. Havia se rendido ao seu confinamento. Pode parecer loucura, mas, quando ele olhou nos meus olhos, em todo o seu desespero, foi como se estivesse suplicando para que eu o ajudasse. Acredito, realmente, que as nossas almas se enlaçaram e eu soube exatamente o que ele estava pedindo que eu fizesse. Por aquele breve instante, um instante sobrenatural entre nós, ele abanou o rabo.

Ao sair, virei-me e olhei para Capone. A cabeça dele pendia, e ele olhava para mim, perguntando-me por que não fazia o que ele pedia que eu fizesse. Prometi a ele que voltaria.

Fui até a casa falar com o dono, que estava transgredindo pelo menos três leis da Califórnia relativas à crueldade praticada contra animais. Vivianna me acompanhou, oferecendo-se para traduzir o meu inglês para o espanhol. Expliquei ao dono que o estado da Califórnia tinha uma lei de proteção aos animais que proibia manter cães amarrados ao ar livre. Ao entregar-lhe uma cópia, adverti-o sobre as outras infrações, deixando claro por que negar comida, água e abrigo a um animal eram atos de crueldade.

Depois de tudo esclarecido, perguntei-lhe se entregaria Capone para mim. Caso se dispusesse a isso, eu precisaria de alguns dias para encontrar um lar adotivo para ele. A resposta a meu pedido foi uma despedida arrogante. Ele não se importava com o bicho, era verdade. Sim, eu podia levá-lo, mas tinha de ser já, senão ele o soltaria na vizinhança.

A região onde Capone vivia era conhecida pelas lutas de cães, que também eram proibidas. Se ele fosse solto e se perdesse, a possibilidade de ser apanhado e usado como cão-isca era muito grande. Eu não podia deixar que isso acontecesse.

Capone

Dogs Deserve Better
dogsdeservebetter.org

Cheguei a um acordo com o homem. Ele me daria três dias para encontrar uma família adotiva para Capone. Passado esse prazo, ele poderia soltá-lo.

Não é fácil encontrar um lar adotivo para um *pit bull*, especialmente em cima da hora. A percepção que as pessoas têm desses cães, por causa dos que abusam deles e os treinam para lutar, faz com que tenham medo da raça.

Eu me desdobrei para encontrar um lar adotivo, telefonando para voluntários e enviando centenas de e-mails. Também visitei Capone para conferir se ele tinha alimento e água. Eu queria que o dono soubesse que eu não abandonaria o caso e que cumpriria a minha palavra de pegar Capone no terceiro dia. Capone estava lá, a cada dia, deprimido. E, a cada dia, eu lhe prometia que voltaria. A expressão em seus olhos me assombrava. Eu não conseguia dormir à noite.

No terceiro dia, com o tempo esgotado, eu estava pronta. Minha sobrinha e uma voluntária me acompanharam. Quando me aproximei de Capone, ele não sorriu nem abanou o rabo; continuou alheio e distante, prostrado. Com cuidado, coloquei uma coleira nova no pescoço dele, prendi a guia e o puxei de leve. Confuso, ele sentou perto da corrente que o mantivera preso e olhou para mim. Eu lhe disse que essa não era mais a sua vida. Depois de puxá-lo um pouco mais, e de estimulá-lo com um petisco, Capone saiu lentamente de sua prisão de concreto. E então testemunhei o que só pode ter sido um milagre. Ao tocar a relva com os pés, Capone levantou bem a cabeça, inalou o ar fresco e olhou para mim, perguntando:"Estou livre de verdade?" Seus olhos expressavam felicidade pura, alegria absoluta. Num instante, ele se revelou vibrante, vivo, feliz e cheio de energia. Eu vi sua alma reviver.

Capone foi colocado num lar adotivo provisório maravilhoso e levado a um veterinário, onde foi castrado, medicado e tratado de verminose avançada.

Em 8 de outubro de 2010, Capone foi adotado e recebeu um lar definitivo. Ele vive dentro de casa, com uma família amorosa e solícita. Ele está mimado a mais não poder e livre para andar pela casa e por uma área de 4 mil metros quadrados. Eu o visito sempre que posso e, então, ele senta comigo, olha-me agradecido nos olhos e me dá grandes e molhados beijos.

Sempre tive uma grande paixão por libertar cães presos, mas a história de Capone e sua gratidão para comigo parecem inacreditáveis. Eu perscrutei as profundezas de sua alma solitária, e ele me agradece incessantemente por tê-lo libertado. Os cães têm muitos dos mesmos sentimentos que nós, seres humanos, temos. Eles sentem desespero, angústia, tristeza e solidão. E sentem também gratidão.

Lealdade

Confiabilidade com delicadeza

CousCous

Assim como o atleta tem o seu técnico, o hindu seu iogue e o estudante seu orientador, do mesmo modo muitos de nós encontramos sabedoria nos cães. Graças aos ensinamentos deles, somos pessoas melhores.

O guru mais iluminado que já conheci foi um minúsculo, branco e felpudo maltês-pomerânia de nome CousCous. Cous foi um presente inesperado e indesejado, mas acabou se tornando o melhor presente que já ganhei. Com ele aprendi que os mestres se apresentam sob as mais diferentes formas.

Quando tinha 34 anos, pela primeira vez na vida adulta, me separei. Um ano antes, quando trabalhava para a CNN em Casablanca, Marrocos, eu conhecera um australiano lindo, e me apaixonara. Mas sou realista. Eu sabia que não daria certo. Por isso, numa atitude inédita em minha vida, resolvi apenas me divertir. Recebi um convite para ir à Austrália e aceitei.

Os homens de fato de meu dia a dia, meus cães Philophal e Nick, foram para a casa do "papai" deles, enquanto eu pegava cinco aviões e viajava para o outro lado do mundo.

Era o Dia de Natal de 1996. Eu estava em Perth, na Austrália, havia uma semana, divertindo-me muito, quando...

– Feliz Natal – desejou-me Jon, apresentando-me uma minúscula bola felpuda branca retirada das costas. Emocionei-me ao pegar o filhote enfeitado com uma fita vermelha em torno do corpo. Seus olhos negros me olharam com adoração e eu o amei no mesmo instante, mas fiquei ressentida com Jon.

Ele sabia que eu tinha dois cachorros nos Estados Unidos que eu jamais abandonaria. Ele sabia o quanto eu era afeiçoada a eles. Ainda assim, me deu um cachorro.

Acariciei a cabecinha da pequena garota, mais parecida, até, com um filhote de passarinho recém-nascido.

– O que você está querendo dizer com isso? – perguntei.

O sorriso de Jon se dissipou e ele me olhou com ar inocente. Mas ele não tinha nada de inocente – ele era um psiquiatra! Foi um estratagema genial embelezar o pacote australiano. Foi uma manobra calculada e manipuladora, e produziu os resultados esperados.

Fui cativada. Por causa das leis de quarentena rígidas da Austrália, porém, eu não podia levar Cous para os Estados Unidos. Ela precisava ficar com Jon, e eu teria de voltar para Philophal e Nick sem ter certeza de que um dia retornaria para a Austrália.

Durante os quatro anos seguintes, a cada cinco meses, eu pegava cinco aviões e viajava 46 horas para chegar ao outro extremo do mundo. Uma vez lá, Cous simplesmente não saía do meu lado. Ela sempre dormia aconchegada nos meus pés. Todas as manhãs, com os pássaros começando a cantar e o sol a nascer, ela subia delicadamente na cama, chegava até meu peito e ficava me olhando com um sorriso de alegria no rosto. Era o jogo dela. No momento em que eu abria os olhos, ela dobrava as patas da frente e derramava feliz, em cima de mim, um buquê de beijos espontâneos e amorosos. Ela cumpria esse ritual religiosamente, e eu adorava isso. Para Jon, tratava-se de um hábito obsessivo, que devia ser rompido. Veterinários e treinadores de cães foram consultados para descobrir por que Cous lambia. Nenhuma explicação. Ela simplesmente estava feliz.

E era agradecida. Sempre que eu a alimentava, quer fosse com uma refeição ou com um petisco, ao terminar, ela me procurava e lambia delicadamente a minha perna. Ela era alegre, agradecida e feliz, e eu adorava tê-la na minha vida.

Mas havia alguma coisa mais. Cous era uma alma divina. Quando ela olhava para mim, eu sentia amor, um amor universal, total e abrangente, que me fazia acreditar em mim. Ela não era apenas uma amiga fiel; ela era a coisa mais próxima do céu que eu tinha condições de conhecer. Por intermédio dela, a alegria entrou em meu coração e eu comecei a amar as pessoas. Enquanto isso acontecia, tive um lampejo: se esse cão me amava e me aceitava, apesar de todos os meus defeitos, eu podia tentar aceitar a mim mesma. Daquele momento em diante, decidi que Cous seria o meu barômetro. Se eu acordasse e ela me afagasse, esse gesto ditaria o meu dia. As nuvens que pairavam sobre a minha cabeça se dispersaram, e eu encontrei paz e alegria em cada dia.

Pelos comentários de Jon, embora Cous lhe fosse afeiçoada durante minha ausência, na verdade era para mim que ela dedicava toda sua lealdade. Ele podia tê-la alimentado, podia ter passeado e treinado com ela durante meses, mas, no momento em que eu chegava, ela não saía de meu lado. Minha lealdade, porém, não estava com ela. Não podia estar. Não sei como, mas, de algum modo, ela sabia disso e aceitava. Quando eu, inevitavelmente, me preparava para partir, Cous se sentava em minha mala durante dias, pedindo para levá-la comigo. Doía-me o coração. Eu vivia uma vida dividida.

Estando longe dela, eu fazia todo o possível para que ela soubesse que eu voltaria. Eu deixava roupas minhas dobradas sobre a cama dela, falava com ela ao telefone, e ela respondia lambendo sofregamente o receptor. A verdade é que ela me fazia voltar porque era encantadoramente maravilhosa e nós éramos dedicadas uma à outra. O homem australiano era um bônus com um belo sotaque.

Philophal morreu. Depois Nick. E eu me mudei para a Austrália.

Australianos e americanos podem falar o mesmo idioma, mas são muito diferentes culturalmente, por isso a mudança para outro país foi difícil para mim. Eu ainda realizava alguns trabalhos para a CNN, mas tudo o que envolvia a vida do dia a dia parecia mais difícil. Eu não tinha amigos nem família, eu precisava dirigir na mão contrária da via, e o e-mail ainda não fora introduzido. Falar com alguém que eu amasse me custava em torno de 50 dólares. Não era fácil. Eu me encontrava agora na terra mais distante possível de meu país, de minha família e de meus amigos. Havia Cous, porém, a minha melhor amiga e mais leal companheira. Nós conhecemos o novo país juntas, visitando um novo parque ou praia todos os dias.

Dez anos depois do nascimento de Cous, Jon e eu a legitimamos, casando-nos. E, com a chegada de um *shi tzu* quase cego, zarolho, que se tornou o filho que não pude conceber, nós quatro nos tornamos uma família de cães moderna.

Hoje, Cous tem 15 anos e meio. Ela mal consegue caminhar. Está definhando dia a dia e irá me deixar em pouco tempo. Ainda assim, todas as manhãs, ela se arrasta até o meu rosto e me lambe com imensa suavidade e imenso amor. Se não fosse pelo meu sol brilhante, eu teria perdido muitas alvoradas.

Cous é o meu guru da felicidade. Ela me ensinou a viver o momento, a ser feliz e a me divertir. Para terminar, não posso deixar de compartilhar as lições mais importantes que o meu presente divino felpudo me ensinou:

1. É perfeitamente natural começar cada novo dia com um beijo e um sorriso no rosto.
2. Seja agradecido por tudo.
3. Demonstre gratidão a quem foi generoso com você.
4. A base da lealdade são a fé e a confiança mútuas. É uma via de mão dupla. A fórmula se aplica a todas as espécies.

"Desistir dele seria desistir de mim mesma"

Saskia Noomen

Safári na África do Sul, noite escura como breu, à procura de animais numa reserva particular. Era o que eu estava fazendo quando recebi a notícia de que meu querido cãozinho de 14 anos havia se perdido numa cidade na França, com risco de morrer a cada esquina.

A vida toda eu sempre quis um cachorrinho. Por isso, ao completar 25 anos, dei um presente a mim mesma: Silas, um *terrier* mestiço, maior do que um *jack russell*, mas menor que um *collie*, com cara de raposa, pelagem avermelhada espessa e dura, cauda comprida e grossa, pernas finas.

Eu morava na Austrália quando encontrei Silas num abrigo para cães. Na verdade, eu sonhava em ter um pastor alemão, um *wolfhound* irlandês ou mesmo um são-bernardo. Mas eu estava negociando o aluguel de uma casa, e os proprietários só me permitiam ter um cachorro pequeno. Havia pelo menos cinquenta cachorros naquele abrigo, pulando e agarrando-se nas barras de ferro de seus canis de concreto. O único cachorro de pequeno porte que restava se chamava Stubby. Na Austrália, *stubby* é gíria para uma lata de cerveja. Cada cachorro do abrigo me suplicava para que eu o levasse, só Stubby se escondia num canto, desinteressado de qualquer contato humano, agressivo com quem se aproximasse dele. Ele custava metade do preço e estava na lista para receber a injeção letal. Os funcionários me disseram que alguém o deixara no portão do abrigo.

Eu fiquei com ele e mudei o nome para Silas ("habitante da floresta"), porque ele tinha algo de selvagem. Fui pegá-lo uma semana mais tarde, depois que ele foi castrado. Ele estava magro e tremia de medo. Na primeira semana de convivência, ele mostrou ter várias manias. Caminhava pela sala de estar o dia inteiro; tinha medo de todos, de mim, inclusive. Não deixei que o medo dele me detivesse. Comecei a treiná-lo, e, no prazo de uma semana, ele sabia deitar, levantar, aproximar-se, manter-se sobre as patas traseiras, tudo. Ele aprendia rápido.

Eu adoro cavalgar. Desde o primeiro dia em que o apresentei a meu cavalo, o Monty, Silas entendeu. Monty e eu galopávamos, e Silas corria feliz a nosso lado, às vezes disparando na frente, dando uma volta pela floresta e daí voltando a toda velocidade até nós. Ele logo se tornou meu melhor amigo, e comecei a vê-lo como uma imagem reflexa de mim mesma. Ele não era uma criatura fácil de amar. Era reservado e independente, mas amigo de verdade.

Nós nos mudamos da Austrália para Paris. Silas estava comigo sempre, a não ser em situações inevitáveis. E uma dessas raras ocasiões foi quando resolvi viajar para a África do Sul por duas semanas.

Seis dias depois, liguei para saber de meu garoto e a babá me disse que o havia perdido. Ela havia tirado a guia e ele tinha fugido.

Precisei de dois dias e de dois aviões para voltar a Paris. Fui diretamente para Antony, uma cidade trinta quilômetros ao sul de Paris, onde Silas havia sido perdido. Eu estava fora de mim. Silas tinha 14 anos então, enxergava muito mal e era quase surdo. Como sobreviveria?

Disseram-me que alguém o havia visto comendo lixo numa vila, a um quilômetro de onde ele se perdera. Corri imediatamente a Verrières -le-Buisson e comecei a colar cartazes. Num momento desses, fazendo isso, eu o vi! Ele estava tão aterrorizado que chegou a passar por mim sem me ver. Eu não esperava por isso. Ele não conseguia me ver nem me ouvir. Alguns adolescentes se juntaram à busca, em bicicletas. Um deles o pegou, mas Silas o mordeu e fugiu. Os garotos telefonaram mais tarde para dizer que o haviam visto cruzar uma estrada movimentada e entrar num parque. Fui para lá. Nada! Eu não podia imaginar que só o veria novamente dez dias depois.

Hospedei-me num hotel local e entrei em contato com veterinários, com o prefeito, a polícia e o centro de zoonose, para informá-los sobre a minha busca. Várias pessoas me disseram que haviam visto Silas, mas que não conseguiram pegá-lo. Telefonei para meu veterinário e para um especialista em comportamento canino e perguntei aonde eles achavam que ele poderia ir. Ambos disseram a mesma coisa. Ele voltaria para o local onde havia encontrado comida. Assim, voltei ao depósito de lixo do shopping center onde Silas fora visto pela primeira vez, e esperei. Mas ele não apareceu.

Então mandei imprimir mil cartazes e percorri a vila, colando-os em toda parte. Passados alguns dias, recebi uma ligação de um homem muito simpático, presidente da organização local voltada ao resgate de cães. Ele também começou a me ajudar. Aquele dia, alguém ligou e disse que havia visto Silas num lugar não longe do shopping. Procuramos durante todo o dia, até tarde da noite.

No dia seguinte, recebi o telefonema de um proprietário de restaurante que morava numa pequena cidade chamada Juvisy-sur-Orge, a quinze quilômetros de Verrières-le-Buisson. Ele disse que havia visto Silas atravessar a rodovia na frente do restaurante. Fui para lá imediatamente. A rodovia era uma autoestrada, com quatro pistas em cada lado. Tive dificuldade em acreditar que meu cachorro meio cego e quase surdo pudesse cruzá-la com segurança, quanto mais correr quinze quilômetros em sete dias. Ainda assim, saí a sua procura. Depois de uma hora, recebi uma chamada de um homem que disse que estava tentando pegar Silas num parque na mesma cidade. Pedi a ele que não corresse atrás de Silas e que me desse o endereço. E, então, a ligação do celular caiu. O homem não tornou a ligar.

Eu tinha dúvidas sobre o dono do restaurante e a chamada seguinte. Então, telefonei para meu veterinário e perguntei se ele achava que era possível que Silas corresse quinze quilômetros em sete dias. Ele disse que não, que Silas era muito velho e incapacitado. Então voltei para Verrières e passei mais uma noite procurando-o lá. A essa altura, ele estava perdido havia dez dias. Chovia e fazia frio.

Saskia e Silas

Chien Perdu [Cão Perdido]
chien-perdu.org

Às 6 da tarde, recebi uma chamada de um jovem perguntando se eu estava procurando um cachorro. Ele disse que o vira sendo atropelado por um carro na frente do shopping center. Perguntei se ele estava vivo, mas o garoto respondeu que não sabia. Corri para lá e fui recebida por um grupo de adolescentes. Eles estavam às gargalhadas quando saí do carro. Nada de Silas. Tratava-se de um trote, uma brincadeira cruel.

Então recebi um telefonema de um funcionário do setor de controle de animais de Juvisy-sur-Orge, onde se localizava o restaurante.

– A senhora é dona de um cachorro chamado Silas? – ele perguntou. Eu hesitei, imaginando que fosse outro trote. – Seu cachorro está comigo.

Quando cheguei ao endereço indicado, Silas estava numa gaiola, dentro de uma caminhonete. Ele uivou e latiu quando me reconheceu. Eu o tirei da gaiola, prendi-o com uma guia, segurei-o perto de meu coração e me debulhei em lágrimas. Toda a minha visão de vida havia mudado naqueles dez dias. Outros problemas pareciam triviais. Enquanto o segurava nos braços, eu soube que nunca teria um motivo para ser realmente infeliz novamente, porque me acontecera um milagre.

A jornada de Silas fora longa. No fim, ele havia atravessado a superautoestrada e provavelmente fora atropelado por um carro. Ele havia perdido todos os dentes superiores do lado esquerdo. E, de fato, fora perseguido pelo homem que havia me ligado de Juvisy-sur-Orge, que estava tentando ajudar. O homem não o pegou. Mas, durante a perseguição, Silas caiu num jardim cercado. Uma senhora que morava no apartamento adjacente ao jardim o encontrou no dia seguinte. Ela lhe deu um cobertor e o alimentou com peixe. Ele dormiu uma segunda noite no jardim, e no dia seguinte ela pediu ajuda.

As pessoas me perguntam por que não desisti de procurar o meu cãozinho. É porque Silas é uma extensão de mim mesma. Desistir dele seria desistir de mim mesma e de tudo aquilo em que acredito. Lealdade e amor, seja entre pessoas, seja com animais, são as coisas mais importantes na vida para mim.

Não foi por acaso que meu caminho cruzou com o de Silas. Ele me viu passar por muitos momentos difíceis na vida. Silas me deu uma razão para me levantar e sair à rua quando eu me sentia desolada. Ele foi minha família quando eu morava sozinha fora de meu país, longe de minha própria família. Ele testemunhou a minha passagem por vários relacionamentos e pela perda de meu pai. Ele, que foi maltratado a ponto de ainda ter medo quando estendo a mão para acariciar sua cabeça, me dá amor incondicional e confiança. Outros donos de cães são possivelmente as únicas pessoas que podem compreender quando digo que o meu cachorrinho é a pessoa mais importante na minha vida há 16 anos.

Hoje Silas está cego, surdo, artrítico, e continua sendo o amor de minha vida.

"Eu não podia rejeitar seu amor"

Shannon Martin

Depois de me tornar uma jovem mãe, extremamente ativa e em boa forma, de dois garotos irrequietos, fui informada de que em poucos anos eu não teria mais condições de andar. Eu estava com 41 anos e recebi o diagnóstico de artrite reumatoide severa. Tinha o que se chama de "estenose lombar e cervical". A dura verdade era que os discos da coluna vertebral estavam se desintegrando.

Uma coisa é receber a informação de que você vai perder sua capacidade de andar; coisa totalmente diferente é lidar com isso. Ignorei o diagnóstico o máximo que pude – até que ele se transformou em realidade. Quando a saúde começou a decair, a minha sensação de bem-estar declinou com ela.

Meus filhos se casaram e foram morar nas próprias casas, e eu não me sentia mais "útil" ou "necessária". Eu não conseguia mais corresponder às exigências de meu trabalho como professora auxiliar numa turma de jardim da infância ou das minhas atividades como capelã leiga em vários hospitais. Agora que andava numa cadeira de rodas, eu não acreditava que poderia cumprir as minhas responsabilidades. A depressão desceu a níveis tão profundos que eu achava que não sobreviveria. Meu pai havia cometido suicídio e eu, honestamente, considerava essa uma boa alternativa.

Entenda, além de estar deprimida, eu também sentia muita dor. E ainda ficava sozinha o dia inteiro, sem ninguém para me ajudar.

Foi então que uma amiga que tinha um cão de serviço me disse que eu precisava de um desses cães. Pesquisei sobre o assunto para saber o que um cão de serviço poderia fazer por mim, e tive uma surpresa agradável. Então, me inscrevi no Texas Hearing and Service Dogs (THSD).

Dois meses depois, fui aceita pelo programa, e, pouco mais de um ano depois, recebi a informação de que um labrador amarelo chamado Noble seria meu companheiro.

Noble e Shannon

Texas Hearing and Service Dogs
servicedogs.org

Eu tive cachorros quando criança, mas foram mantidos sempre fora de casa. Agora, um animal podia ficar comigo dentro de casa. O conceito era novo para mim e eu teria de me adaptar.

A primeira coisa que mudou em minha vida foi que eu tinha de me levantar e me mexer todos os dias, para treinar com o cachorro. Eu nem sempre queria levantar, mas pensava: "Bem, devo pelo menos isso ao animal e ao pessoal do THSD." Então, sempre me levantava. Depois, aos poucos, durante alguns meses, comecei a ver que esse cachorro – um cachorro, imagine – estava apaixonado por mim. Ele estava apaixonado pelo meu ser deprimido e inútil. Eu o afugentava, e ele me olhava do outro lado da sala com olhos que diziam: "Eu te amo e quero ficar a teu lado."

Noble me ensinou a não rejeitar seu amor. O amor dele por mim se renovava constantemente. Cada pecado, cada vez que eu o repelia, era perdoado no amor – porque ele decidiu me amar.

Foi então que compreendi que Deus me amava – a mim, uma inútil. Também aprendi que as palavras *serviço* e *amor* são sinônimas.

A partir do momento em que o Noble me mostrou o valor de minha vida, excluí a palavra *inútil* de meu vocabulário. E, embora tivesse trabalhado como capelã, eu nunca compreendera plenamente a lição: Deus me ama por mim mesma, e, mesmo quando cometo algum pecado, Ele não se afasta de mim. Ele me *serviu* enviando amor para minha vida; eu devo servi-Lo mostrando o mesmo amor a todos Seus filhos. Agora compreendi!

"Eles derrubaram a porta"

Maureen Duncum

Ano de 1970. Eu morava numa comunidade prisional em Ontário, Canadá, com minha jovem família. A cidade de Burwash foi construída por internos, para alojar as pessoas que trabalhavam na Fazenda Industrial Burwash. Meu marido era funcionário da fazenda e supervisionava os detentos nos trabalhos agrícolas nos campos. As colheitas e o pão produzido na prisão sustentavam a comunidade.

Eu morava numa casa geminada (duas casas lado a lado separadas por uma parede comum) com meu marido, quatro crianças e uma *standard poodle* chamada Princess. Duas das crianças, Clayton (7 anos) e Clinton (4) eram filhos biológicos. As outras duas eram adotadas. Eu as adotei porque gostava de crianças e porque, na época, quase não existiam bons lares. Diann era uma menina doce de 3 anos, que fora rejeitada pelos pais. Darrin, de 4 anos, tinha síndrome de Down. Ele ficara confinado num cubículo antes da adoção e tinha medo de tudo.

Princess adorava as crianças, especialmente Darrin. Ela era amorosa e sempre afável. Além de correr atrás de sua bola, o que ela mais gostava de fazer era cuidar das crianças e brincar com elas. Se alguém precisasse de meus cuidados, Princess tinha um jeito de me informar. Ela se aproximava de mim, me olhava, voltava alguns passos na direção das crianças, voltava-se rapidamente para mim e me olhava de novo. Eu sempre podia contar com ela. Ela se preocupava muito com as crianças, e elas a amavam.

Certa noite, às 2 da madrugada, Princess subiu na minha cama e me acordou, fuçando inquieta e me olhando com seu jeito peculiar. Imaginei naturalmente que ela queria que eu a deixasse ir lá fora. Quando abri a porta, ela desceu os degraus, mas voltou imediatamente e foi para a porta do vizinho, começando a arranhar freneticamente. Quando fui pegá-la, senti um forte cheiro de fumaça vindo do interior da casa.

Minhas batidas se transformaram em pancadas, e logo em golpes. Ninguém atendeu a porta. Corri para minha casa e telefonei para a segurança. Em poucos minutos os guardas chegaram e derrubaram a porta com um machado. O vizinho estava inconsciente, asfixiado pela fumaça. Ele havia deixado alguma coisa no fogão e a fumaça havia se espalhado pela casa. Ele foi imediatamente levado para o hospital. Graças a Princess, minha família e o vizinho ficamos, todos, bem.

Tivemos Princess por seis anos, antes de nos mudarmos para a Inglaterra, quando precisei devolvê-la para o criador de origem. Quarenta anos se passaram; não tive outro cachorro desde então, porque despedir-me de Princess foi uma das coisas mais difíceis e sofridas que já tive de fazer.

Princess era a nossa cachorrinha milagreira. Ela fazia milagres para todos nós. Enquanto eu viver, jamais esquecerei o quanto ela nos amava e protegia.

Mostly Mutts
mostlymutts.org

"Fiquei lá paralisada, perplexa"

Amanda Fadden

Era uma manhã fria de gelar, em Delran, New Jersey, um clima diferente daquele a que eu me acostumara na Flórida. Era época de Natal, e minha avó, meu cão-guia, Hughes, e eu tínhamos viajado para o norte para passar o feriado com meu tio. Eu podia ouvir o gelo rachando sobre o solo no lado de fora, enquanto Hughes roncava, escarrapachado e feliz no assoalho dentro de casa.

Hughes, um labrador *retriever* todo preto, estava comigo havia apenas três meses. Ele era meu primeiro cachorro. Eu tinha 18 anos, e ele, 2. Estávamos começando a nos conhecer. Eu já havia descoberto que a primeira coisa que ele precisava fazer de manhã era comer e, em seguida, sair para um passeio.

Naquela manhã, Hughes acabara de tomar café e estava pronto para o passeio. Eu havia notado que ele odiava molhar as patas, por isso me preparei para lhe calçar as botinhas e assim proteger-lhe os pés do chão gelado. Ele não gostava das botinhas quase tanto quanto não gostava do chão molhado. Precisei de algum tempo, mas por fim consegui calçá-lo e deixá-lo pronto para sair.

À saída, gritei para minha avó que íamos dar um passeio. Ao fechar a porta, ouvi-a dizer:

– Tudo bem, tenha cuidado.

Em consequência de uma doença genética chamada "retinite pigmentosa", sou legalmente cega, mas consigo ver algumas coisas. Por exemplo, num mercado, posso ver as diferentes cores nas caixas, mas não distingo as caixas sem senti-las ou perguntar a alguém o que elas contêm. O único produto que identifico é o chocolate com manteiga de amendoim da marca Reese's, porque a embalagem é alaranjada e está exposta no corredor dos doces.

Eu já tinha visitado meu tio antes, mas nunca saíra para passear. Apesar de não conhecer as redondezas, eu me sentia bastante confiante com Hughes a meu lado. Deixando para trás a entrada da casa, que estava bem escorregadia, em pouco tempo subimos e descemos ruas, atravessamos avenidas e contornamos quadras. De repente, dei-me conta do que havia feito. Eu não só perdera a noção do tempo; além disso, ultrapassara os limites do meu bairro. Estava perdida.

Frustrada comigo mesma por não prestar atenção, fiquei parada por um bom tempo, olhando para o Hughes, depois para a rua, e de novo para Hughes.

– Vou ter de confiar no senhor, meu caro, – eu lhe disse. E embora tenha dito isso, eu não tinha essa confiança toda. Hughes, porém, ouviu minhas palavras e, então, virou para a direita e começou a caminhar nessa direção. Eu o segui, ainda irritada comigo mesma. Pouco depois, ele parou. Olhando para a esquerda, eu podia entrever uma casa e carros que me pareciam familiares, mas pensei que minha visão estava confusa. Pedi a Hughes que continuasse, mas ele não se mexeu. Então resolvi ir até a casa e perguntar se alguém sabia onde meu avô morava.

Virei-me na direção da casa.

– Hughes, adiante – eu disse. Ele começou a andar feliz, acelerando o passo. Estava tão animado, que chegava a abanar a cauda. Toquei a campainha. Uma mulher atendeu e disse:

– Amanda, já era hora de você voltar para casa.

Eu soltei a guia; Hughes correu para dentro, enquanto eu fiquei lá paralisada, perplexa. Fui inundada por uma onda de alegria e felicidade quando compreendi que ele havia me levado para casa.

Fui até Hughes e o agarrei, beijei, abracei e lhe dei um monte de afagos.

– Meu bom garoto, meu bom garoto! – fiquei repetindo por um bom tempo. Dei-lhe então alguns petiscos e brinquedos, e ele saiu correndo para brincar com eles. Naquele momento, compreendi que esse cão sabia muito mais do que eu imaginava. A porta para a minha mente e para o meu coração havia sido escancarada. Agora eu confiava em Hughes com todo meu corpo e minha alma, e sabia que sua lealdade me preservaria segura e sempre me traria para casa.

Guide Dogs for the Blind
guidedogs.com

"Ela me completa"

Jennifer Warsing

Era uma manhã fria de inverno quando me agasalhei com várias camadas de roupa para passear com o meu primeiro cão-guia para surdos, uma labrador chocolate chamada Hattie. Olhando pela janela, pude ver o vento espalhar pelas ruas e calçadas a neve recém-caída. Pensei comigo mesma que esse era um símbolo de como o mundo pode ser frio e cruel.

Hattie estava comigo havia apenas alguns meses. Eu tinha 30 anos e ela 1. Caminhando, eu podia sentir a neve sendo triturada debaixo de minhas botas, um som que me arrepiava o corpo inteiro. Olhei para Hattie e vi que ela estava sorrindo, com a cauda erguida, abanando. Tive a percepção clara de que nada no mundo podia abater seu ânimo ou impedi-la de viver o momento. Ela reunia em seu coração inocência absoluta, amor puro e devoção total. Em seguida, olhei para baixo e vi nossas pegadas na neve, lado a lado. Compreendi, então, que por mais solitário ou frio que o mundo pudesse parecer, eu jamais voltaria a caminhar sozinha. Hattie sempre estaria a meu lado. Uma sensação de paz me envolveu. Logo me dei conta de que eu também estava com um sorriso no rosto e sentia a pura alegria do momento que estávamos vivendo juntas. Eu ignorava então, mas esse cão seria a minha maior bênção.

Recebi Hattie da Dogs for the Deaf, uma organização que resgata cães de abrigos de animais e os treina para ajudar pessoas com dificuldade de audição ou com surdez total. Eu não nasci surda; perdi a audição em decorrência da doença de Ménière, um distúrbio do ouvido interno que causa problemas de equilíbrio e surdez. Aos 5 anos de idade, fui para a cama à noite ouvindo perfeitamente bem e acordei na manhã seguinte totalmente surda.

Antes de Hattie entrar na minha vida, eu usava dispositivos sinalizadores que piscavam para indicar diversos sons em casa, como o toque da campainha, do telefone e do detector de fumaça. Esses dispositivos deixavam a desejar porque, se eu não estivesse na sala no momento em que eles piscavam, eu não fazia ideia de que havia um sinal de alerta. Além disso, eram ativados por corrente elétrica, e por isso deixavam de funcionar quando havia queda de energia. Mesmo com dispositivos sinalizadores, eu deixava de atender ligações telefônicas e batidas na porta, e passava muitas noites insones preocupando-me com o detector de fumaça, que poderia desligar e eu não ficaria sabendo.

Eu vivia sempre com medo, constantemente ansiosa, imaginando que sons eu não ouviria. O silêncio levou à solidão e ao isolamento. Eu não me sentia à vontade em minha casa, em minha pele ou no mundo a minha volta. No dia em que algum prestador de serviço ficava de aparecer entre 9 horas da manhã e 3 da tarde, eu me sentava na frente de casa e ficava esperando o tempo inteiro, com medo de não ouvir a batida ou a campainha. Eu me sentia prisioneira em meu pequeno mundo de silêncio. Travava uma batalha constante para agir como uma pessoa com audição normal, num mundo que, para mim, não tinha som.

Então chegou Hattie, e minha vida se renovou. Ela está treinada para me alertar para o *timer* do forno e do micro-ondas, para a campainha, para uma batida na porta, para o telefone, o despertador, o detector de fumaça e para alguém chamando meu nome. Ela leva muito a sério seu trabalho como "meu ouvido de quatro patas".

Hattie me abriu portas para novas experiências. Um de meus exemplos preferidos é a primeira vez que me foi entregue comida em casa.

Quando Hattie me avisou que o entregador havia chegado, comecei a chorar. A pizza daquela noite foi a mais deliciosa de todas que eu havia comido até então e entendi que minha vida agora seria repleta de bênçãos simples e de novas experiências.

Tudo mudou naquela manhã fria e turbulenta em que Hattie me ensinou e mostrou que eu podia viver o momento. Passei de uma atitude pessimista e preocupada o tempo todo para uma vivência de dias cheios de possibilidades novas e infinitas. Hattie transformou uma vida de silêncio e solidão numa vida repleta de sons e alegrias. Ela encarna uma faceta divina porque me completa.

Eu ainda preciso descobrir quem salvou quem. Terá a vida de Hattie sido poupada quando ela foi resgatada de um abrigo e treinada para ser um cão-ouvinte ou terei eu sido poupada de uma vida de horror e silêncio por um suposto anjo que por acaso tem quatro pernas, um nariz úmido, uma cauda e um coração de ouro?

Hattie

Dogs for the Deaf
dogsforthedeaf.org

Morte

A "sabedoria" do saber

Bunny Man e Jennifer

Uma de minhas citações preferidas é do humorista Will Rogers, que disse: "Se não há cães no céu, quando eu morrer quero ir para onde eles foram." Concordo. De fato, a realidade mais dolorosa da vida é a perda de alguém que amamos e que nos amou.

Acreditamos que haja algo depois da morte, esperamos que haja, no entanto, a razão questiona tudo aquilo em que queremos acreditar. Dois colaboradores de meu último livro, *Encontros com Deus*, elucidaram meus questionamentos. Ambos viveram experiências de quase morte, momentos em que tiveram vislumbres do céu. Ambos me confirmaram que lá havia cães e outros animais. Isso já me anima bastante, mas ainda anseio por obter uma prova pessoal. Talvez eu não a consiga antes de partir desta Terra. Não obstante, tenho recebido sinais que me dão esperança.

Era uma bela manhã de outubro quando eu soube, após várias noites sem dormir e muitas visitas ao veterinário, que havia chegado a hora. Meu fiel companheiro dos últimos doze anos, um *poodle terrier* chamado Philophal, que eu carinhosamente chamava de Bunny Man, vivia seus momentos finais depois de enfrentar a doença de Cushing durante dois anos. Seu sistema imunológico estava esgotado. Os antibióticos não estavam surtindo mais efeito e ele mal conseguia respirar. Ele estava dando tudo de si. Aquele era o dia.

Preparei uma bela porção de seu petisco preferido e o coloquei no assento do passageiro, com seu companheiro Nick no banco traseiro. No trajeto de uma hora até o consultório, fui lhe dando seus petiscos. A doença dava a impressão de que ele estava sempre com fome. Ele quase não conseguia respirar, mas conservava o apetite.

Encontrei Bunny Man numa manhã em que ia de carro para o trabalho numa emissora de rádio em Ogden, Utah. Eu tinha 22 anos, e ele em torno de 1. Ele estava parado na rua, olhando para um grupo de pessoas sentadas no banco de um ponto de ônibus. Fiquei penalizada ao vê-lo naquela situação. Ele estava pedindo ajuda, sem dúvida. Eu disse a mim mesma: "Se na volta ele ainda estiver por aí, vou ajudá-lo." Eu já havia resgatado dois cães aquele ano, levando-os para a minha casa, e não tinha lugar para mais um.

Na volta para casa, fiquei atenta às ruas secundárias e redobrei a atenção ao passar pela parada de ônibus. Não o vi. Ao acessar a entrada de minha casa, lá estava ele, sentado pacientemente. Era para ser.

Eu o levei ao veterinário e perguntei por que ele tinha tantos calombos embaixo da pele. Um raio-x confirmou que ele fora perfurado com chumbinho. Alguém havia atirado nele. Era isso. Ninguém mais o machucaria de novo.

Precisei de dois dias para tosar a pelagem emaranhada do seu corpo. Ela estava tão embaraçada, que não havia uma abertura sequer por onde ele pudesse fazer suas necessidades. O mau cheiro era quase insuportável. Quando terminei, dei-lhe um banho, e, daquele momento em diante, ele foi o meu companheiro mais leal. Ficou agradecido para sempre.

Fiel, devotado e adorável, Bunny se tornou meu protetor ardoroso. Era como se ele tivesse sido designado para mim, para montar guarda na minha porta. Bunny foi testemunha de vários relacionamentos meus entre os 20 e os 30 anos, e também de um casamento doloroso e desgastante. Agora, doze anos depois, eu sabia que esse seria um dos dias mais difíceis de minha vida. Eu não tinha certeza se conseguiria ir em frente sem ele.

228

Deitamos juntos no piso do ambulatório, e eu aninhei minha cabeça em sua pelagem encaracolada. Ele se esforçava para respirar. Eu me esforçava para respirar. A sala, escurecida, recebia sua pouca iluminação de uma janela pequena, como a de um porão, localizada no alto. O veterinário entrou discretamente, aplicou a injeção da eutanásia em meu amado garoto, e nos deixou sozinhos. Lágrimas jorraram dos meus olhos; o meu coração se partiu. Alguns momentos se passaram, e, quando abri os olhos, senti-me imersa em imenso amor com o que vi. A sala estava escura, com exceção de um raio de luz que entrava pela pequena janela, iluminando a cabeça de Bunny. Eu vi partículas de luz cintilarem no interior de um feixe de luz e soube que estava sendo testemunha de algo miraculoso. Esse foi o primeiro de vários sinais que eu teria naquele dia.

Depois que Nick teve oportunidade de ver que Bunny havia feito a passagem, iniciamos a longa e solitária viagem de volta. Com meia hora de estrada, entrei no *drive-thru* do McDonald's, um dos lugares favoritos de Nick, para pegar alguns hambúrgueres para ele. Pouco depois, eu chorava sem controle e não conseguia tomar fôlego. Pensei em parar no acostamento, mas então vi a placa do carro à minha frente. As letras formavam a palavra BUNNIES. Eu não conseguia acreditar no que via. De todas as placas, quantas teriam essas letras dispostas nessa ordem?

Antes de chegar em casa, levei Nick para um passeio bem merecido às margens do Eagle Lake. Era um dia de outono perfeito, quente e parcialmente nublado. Praticamente todas as folhas das árvores estavam no chão, espalhando cores por toda parte. Nick correu até uma pilha de folhas e levantou a perna. De repente, vi as folhas se mexerem como se alguém estivesse caminhando sobre elas. O movimento assustou Nick, que correu até mim com o rabo entre as pernas. Eu me ajoelhei e acariciei a cabeça dele, e juntos olhamos para o mesmo ponto pelo tempo que pareceu uma eternidade. Era consolador saber que Bunny continuava conosco.

Mais adiante, já na estrada, um coelho entrou na pista e se virou na direção do carro. Eu parei, hipnotizada. Por um tempo incalculável, ele não se mexeu; apenas ficou olhando para mim. Eu nunca havia visto um coelho – um *bunny* – de verdade na ilha onde eu morava. Era um sinal, outra mensagem carinhosa.

É possível que todos os sinais que recebi naquele dia fossem apenas coincidências intensificadas por uma imaginação fértil. Mas eu, pessoalmente, não penso assim.

"Meu coração parou de doer, mas estava estraçalhado"

Carol McCafferty

Dakota era uma parte vital e maravilhosa da minha vida. Ele era um cruzamento de cão pastor com galgo afegão, de cor cinza e preta, parecendo um fila irlandês com orelhas de abano. Ele era meu companheiro charmoso. O que Dakota mais gostava de fazer era nadar no Soda Butte Creek, em Silver Gate, Montana, onde morávamos. E ele adorava ver os rebanhos de búfalos no Parque Nacional Yellowstone, perto dali.

Como ele estava com 17 anos e meio, eu precisava tomar a decisão de sacrificá-lo. Pelo menos, era assim que eu via a situação. Eu iria tirar a vida de meu cachorro, tentaria recolher os pedaços e continuaria a minha vida sem ele. Sim, claro!

Fiquei embromando durante seis meses para tomar a decisão, rezando todos os dias para pedir orientação. E assim chegou o dia.

Era um belo dia de outono quando meu marido, Mac, e eu nos preparamos para viajar durante três horas até o veterinário. Mas eu não conseguia ver a beleza do dia. Enquanto Mac dirigia, meu coração sangrava. Eu não queria ir. Só queria parar a picape, pegar meu cachorro e correr para as montanhas. No entanto, eu me sentia culpada por pensar apenas em mim mesma, não em Dakota. Todos os tipos de pensamento passavam por minha mente. Eu deveria deixá-lo morrer naturalmente ou assumir o direito de tirar sua vida? Afinal, ele ainda estava feliz. Ele só sofria de incontinência e mal conseguia ficar de pé. Mas estaria sofrendo?

A viagem não terminava nunca. Dentro de mim, eu não queria que ela terminasse. Poderíamos simplesmente ficar na picape, andando sem parar. Isso daria certo. E então, de repente, chegamos.

Eu estava com o coração dilacerado. As lágrimas vertiam incontroláveis. Mac levou Dakota para dentro e o colocou na mesa. Senti como se eu mesma estivesse sendo sacrificada. Fiquei beijando-o sem parar e ele retribuiu da mesma forma, como que sabendo que não iria me ver por um tempo e querendo que eu soubesse o quanto ele me amava. Passamos vinte minutos assim, apenas ele e eu.

Quando o veterinário entrou, pensei que iria morrer. Meu coração doeu realmente. Eu sentia dor física. Dakota olhou em meus olhos e lambeu minha mão. Fiquei repetindo que o amava e ele deixou escapar um pequeno gemido. Ele chorava comigo.

Então, encostei a cabeça no peito dele e o abracei com força, enquanto o veterinário lhe aplicava a injeção. Senti e ouvi o coração dele parar lentamente. Subitamente, o meu coração parou de doer, mas estava estraçalhado.

Na saída, a caminho do estacionamento, entorpecida, eu me abaixei e apanhei alguma coisa entre o pedrisco. Nada lembro da viagem de volta a Bozeman. Quando nos sentamos à mesa para o almoço, Mac procurou me consolar e estendeu o braço sobre a mesa para pegar as minhas mãos. Eu recolhi a mão direita. Mac perguntou o que eu estava segurando. Só então me dei conta de que segurava alguma coisa no punho cerrado.

Abri a mão, e me deparei com um milagre. Era uma pedra em forma de coração. Ela não era achatada, mas tridimensional. Um dos lados tinha uma linha branca quebrada até o centro e o outro representava todas as artérias do coração humano. Naquele momento, eu soube que Deus estava falando comigo. Ele estava me dizendo que eu não havia tirado a vida de Dakota, que eu fizera a coisa certa. Dakota estava em boas mãos e ainda me amava, com todo seu coração.

Alguns dias depois, liguei para o consultório e perguntei se a pedra em forma de coração era algo que eles faziam para todos os clientes. A assistente me jurou que eles não tinham nada a ver com o caso. Creio que telefonei para eles porque queria uma prova de que a pedra com formato de coração era realmente intervenção divina.

Eu sei que verei Dakota e os outros animais novamente. Mal posso esperar. Ele ainda está comigo 24 horas por dia, sete dias da semana, porque sempre levo comigo a minha pedra em forma de coração.

Dogs Trust
dogstrust.org.uk

"Eu estava muito perturbada"

Shirley Parr

Nowa, o mestiço pastor-labrador de meu filho Steven, não tinha permissão para entrar no quarto de minha mãe. Ele compreendia bem essa regra e a seguia à risca.

Minha mãe não era uma pessoa que gostasse de cães. Para ela, lugar de cachorro, especialmente quando grande, era fora de casa. Apesar disso, Nowa a conquistou, como conquistava a todos. Mamãe frequentemente dizia aos familiares e às amigas que ele era uma boa companhia para ela durante o tempo em que eu ficava no trabalho.

Quando Nowa estava com 5 anos, minha mãe recebeu o diagnóstico de câncer. Combinamos que ela ficaria em casa enquanto se sentisse suficiente bem para isso. Na última semana de vida dela, subi e desci centenas de vezes a escada para o quarto. Nowa me acompanhou em cada uma dessas vezes, sempre chegando até a porta e daí virando-se e descendo. Ele sabia que não podia entrar no quarto de mamãe.

No último dia de vida de minha mãe, eu estava muito perturbada. Meu pai havia falecido seis anos antes, e agora eu teria de enfrentar a vida sem nenhum deles. Saí para fora para falar com Deus e disse:

— Sabe que eu creio em Você e no seu filho, Jesus Cristo. Mas... e se isso for tudo o que resta? E se eu nunca mais vir minha mãe e meu pai?

De repente, algumas horas depois, os anjos apareceram. Quando mamãe estava para dar o último suspiro, corri até Steven e lhe disse:

– Se você quer estar com ela, venha agora. – Ele subiu correndo até o quarto de mamãe, com Nowa a seu lado. Quando meu filho entrou no quarto, Nowa tentou segui-lo. Steven o deteve com a mão, fazendo-o ficar no corredor. No instante em que mamãe deu o último suspiro, alguns momentos depois, Nowa, ainda no lugar onde ficara, soltou um gemido agudo e pungente.

Ele nunca havia emitido um som como aquele antes, nem o emitiu depois. Quanto a mim, esse som foi a mensagem que eu esperava. Deus estava me dizendo que o mundo espiritual existe. Quanto a Nowa, ele confirmou que sabia que o espírito de minha mãe havia deixado o corpo.

Antes de morrer, mamãe me disse que me encontraria no Portão Leste. Por causa dessa experiência, eu acredito nisso!

Nowa

Best Friends Animal Society
bestfriends.org

"A casa dele era o meu coração"

Linda Schroeder

Quando encontrei Turbo, fazia onze anos que ele lutava para sobreviver. Ele era o mais raquítico de uma ninhada de boiadeiros australianos de raça pura, e ninguém o queria. Depois, só famílias problemáticas o quiseram. Ele mudava de casa de ano em ano, até chegar aos 5 anos. Turbo foi vítima de famílias que gostavam da aparência dele, mas não entendiam que um cão boiadeiro cheio de energia não é a melhor escolha para pessoas que não têm espaço ou tempo para exercitá-lo.

Na época em que o conheci, Turbo estava com uma família com filhos pequenos. Ele "pastoreava" as crianças ao redor da casa e as mantinha nos cantos dos quartos. A família estava enlouquecida, pronta para entregá-lo a um abrigo, quando vi o anúncio oferecendo-o para alguém que o quisesse.

Sou treinadora de cães. Resolvi telefonar para a família e oferecer um curso de obediência canina gratuito, na esperança de que ficassem com o cachorro, em vez de livrar-se dele. Pediram-me que fosse até a casa deles. Quando cheguei, disseram que não tinham condições de ajudar Turbo a mudar e que haviam desistido dele. Considerando a personalidade dele, eu sabia que seria sacrificado poucos dias depois de entregue a um abrigo, por isso o acomodei no carro e me despedi.

Turbo passou a viver numa casa com dez outros cães; oito eram meus, dois eram adotados. Ele odiou essa situação. Ele se enfurecia com os outros cães e não me deixava acariciá-lo. Também não deixava que os outros cães se aproximassem dele. Se ele estivesse deitado no sofá e algum deles entrasse na sala, ele rosnava ameaçador. Se estivessem fora de casa e passassem por ele, eram atacados. Ele ficava o mais longe possível de mim e dos outros cachorros. Turbo, inclusive, pensava duas vezes antes de comer se eu estivesse por perto. Eu não conseguia sequer dar-lhe petiscos. O pobre rapazinho estava tão confuso, que atacava todo mundo. Eu conseguia entender seu ponto de vista.

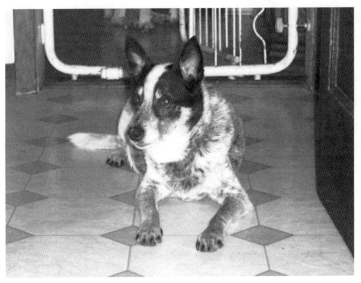

Turbo

Pilots N Paws
pilotsnpaws.org

Várias semanas se passaram, sem nenhuma mudança. Concluí que ele precisava saber que nenhum mal lhe aconteceria se ficássemos juntos. Assim, eu o amarrei a mim. Ele era obrigado a olhar e a reagir a mim, cara a cara. Inicialmente, Turbo ficava na ponta da guia, o tempo todo bem afastado. Ele estava muito esgotado, não conseguindo confiar em ninguém. Vivera em muitas casas, e muitas pessoas haviam desistido dele. Amarrado a mim, comecei a compreender a profundidade de seu sofrimento. Vendo-o e sentindo-o de perto, aprendi a ser paciente.

Você consegue imaginar o que significa levar um cachorro amarrado a você por toda a parte, cada minuto do dia, dias a fio? Eu precisava ser tão obstinada quanto ele, e isso me fazia rir de mim mesma. Nunca precisei trabalhar tanto. Ele era como uma pedra na ponta de uma guia, impassível e indiferente a meu infortúnio. Minhas boas intenções não eram evidentes para ele, e apesar de todo o meu esforço, dei-me conta de que ele poderia não querer nada daquilo.

Depois de dias amarrados juntos, Turbo me deixou afagá-lo. Foi um evento! Resolvi então que era hora de tirar a coleira velha e substituí-la por uma nova, com identificação. Precisei de toda uma tarde para fazer isso. Começamos fora, com petiscos de carne comprados especialmente para a ocasião. A carne não ajudou a atraí-lo para perto de mim. Ele não se deixava enganar! Quando peguei a coleira, ele tentou me advertir rosnando e mostrando os dentes, e logo quis me morder. Não consegui pôr uma focinheira nele, por isso passei um bom tempo prensando-o contra uma cerca com o joelho, falando com ele, acalmando-o e tocando as costas e o pescoço. Infelizmente, a coleira nova era do tipo que precisava passar pela cabeça; não tinha o sistema de liberação rápida. Por isso minhas mãos tocavam o pescoço e o focinho dele. Ele agarrou minha mão; ralhei com ele e, em voz baixa, mandei que a soltasse. Ele tomou a decisão certa, deixando-me com apenas algumas pequenas escoriações. O simples ato de trocar a coleira mudou tudo. Com a coleira nova, um novo cão se revelou. Aquela noite, ele dormiu com a cabeça no meu travesseiro, tocando o meu ombro. Ele não estava mais amarrado fisicamente a mim, mas estávamos unidos para sempre através do coração. Eu soube que ele estava em casa.

Eu resgato cães há mais de trinta anos. À minha porta chegaram cães doentes, feridos, deformados, velhos e assustados. Alguns sofreram maus-tratos. Muitos perderam sua centelha de vida. Todos são indesejados. Eu pego os cães que têm sua última oportunidade, aqueles que têm uma história de agressão e estão em vias de ser sacrificados. Pego aqueles que os outros nem mesmo veem. Cada cachorro é diferente e tem sua própria história.

Turbo foi o primeiro cachorro que me fez parar e perguntar a mim mesma se conseguiríamos ir além de uma trégua embaraçosa. Para conquistar sua confiança, ele me fez trabalhar mais do que qualquer outro cachorro. Apesar de eu conhecer seu passado e de saber como era difícil para ele confiar, eu me perguntava se ele um dia "voltaria", e se seria "inteiro" novamente.

No dia em que Turbo apoiou a cabeça no meu ombro, eu soube que o seu processo de cura havia começado. E ele se curou totalmente. Ele não guardou nada, não deixou nada para trás. Ele tomou a decisão de me entregar seu coração e sua alma, e nunca hesitou quanto a isso, nunca. Todas as noites, durante os seis anos seguintes, ele dormiu com a cabeça no meu ombro.

Com 11 anos, Turbo recebeu o diagnóstico de linfoma em estágio 3. Nada podia ser feito. Três veterinários fizeram a mesma estimativa de tempo; ele tinha de quatro a seis semanas de vida.

Durante esse tempo, Turbo teve altos e baixos. Nos dias ruins, ele não comia, nada o estimulava. Tudo o que conseguia fazer era olhar para o mundo com olhos pesarosos. Nesses dias, eu lhe pedia desculpas e empurrava a medicação goela abaixo. Eu chorava e esbravejava contra a doença que chegou sem avisar. Nos dias bons, Turbo assumia seu velho eu, "Sr. Policial Divertido!" Não deixava ninguém buscar objetos, correr, brincar ou ter qualquer forma de diversão que fosse. Só permitia certo número de lançamentos de Frisbee, antes de se precipitar para o quintal, latindo e rosnando, agarrando o Frisbee e escondendo-o. Acontecia a mesma coisa com a bola. Ele assumia sua posição no alto da rampa perto da porta, contemplando seus domínios, inspecionando se alguém mais estava se divertindo. Se alguém brincava com uma vareta qualquer, ele a pegava e a escondia. Se outro estava sendo afagado por muito tempo, ele se punha no meio. E se algum dos outros cães estivesse correndo pelos arbustos com alegria, ele o trazia de volta para o quintal. E o engraçado é que todos os outros cães o deixavam fazer isso. Nesses dias, eu acreditava que ele viveria para sempre. Mas algo estava em curso.

Quando chegamos à veterinária, esse garotinho que sempre precisara de uma focinheira dupla para entrar no consultório simplesmente deixou que eu o colocasse sobre a mesa e segurasse sua cabeça levemente, enquanto a agulha era introduzida. Ele ficou me olhando o tempo todo, nossos olhos afastados alguns centímetros uns dos outros. Ele confiava que eu fizesse a coisa certa, mesmo nesse momento.

Turbo morreu com dignidade. Ele foi o terceiro de quatro de meus cães que morreu num ano. Minha dor foi intensa, a ponto de haver momentos em que eu não conseguia respirar. Queria esvaziar a minha vida do sofrimento que padeci com a morte de cada um deles. A garantia disso seria eu não resgatar mais nenhum cachorro. Passei um tempo pensando que nunca mais introduziria outro cachorro em meu coração e em minha alma. Não tinha certeza se ainda conseguiria resgatar. Mas, então, pensei em Turbo. As emoções que ele sentia ao confiar em mim eram tão intensas quanto a dor que eu sentia. Ele mudou. Superou. Quando olhei novamente nos olhos de um cachorro resgatado, senti que superaria também nesse caso e estaria mais preparada para isso.

Turbo me ensinou a nunca desistir de princípios, pessoas e animais em quem acredito.

"Ele estará esperando por você"

Steve Wood

Quando eu tinha 2 anos de idade, ganhei de presente um cachorrinho, um *kelpie* chamado Blacky. Ele logo se tornou meu melhor e mais íntimo amigo. Eu o adorava, e nós passávamos cada minuto de cada dia juntos. Ele era fiel, amoroso e feliz.

Blacky dormia na lavanderia; todas as manhãs, eu corria até ele e nós brincávamos no quintal até que todos da família levantassem. No café, eu dividia a torrada com pasta de amendoim com ele antes de sair para a escola, e, no intervalo do almoço, eu corria para casa para vê-lo. Depois da aula, passávamos o tempo juntos explorando a pequena mata perto de casa, até a hora de entrar. Os finais de semana eram só nossos. Éramos inseparáveis da manhã à noite.

Quando eu estava com 8 anos, minha mãe chegou do hospital com meu irmão mais novo recém-nascido e, infelizmente, com depressão pós-parto. Blacky pulou no berço de meu irmão, provavelmente para ver o que provocava todo o alvoroço. No dia seguinte, ele havia desaparecido.

Disseram-me que fora levado para uma fazenda, mas, mesmo aos 8 anos, eu sabia que provavelmente fora sacrificado. Ele deixou um imenso vazio no meu coração, por um longo tempo.

Aos 18 anos, um amigo do trabalho me falou que havia participado de um encontro espiritualista promovido por um grupo de senhoras idosas. Ele ficara impressionado com o que elas haviam dito e acreditava que eram autênticas e sinceras. Ele sugeriu que eu fosse a uma reunião. A ideia de comunicar-me com um falecido me fascinava, então resolvi comparecer.

Meu amigo disse que eu podia levar uma flor e que as senhoras me fariam uma leitura dessa flor. Quando pegaram a minha flor, uma das senhoras me disse para sentar numa cadeira no centro de um círculo formado por elas.

Com a flor na mão, ela olhou para mim e disse:

– Querido, você tem um cachorro bem animado sentado a seu lado. Você o conhecia como Blacky, e vocês eram muito próximos. Ele quer que você saiba que ele estará esperando por você quando você desencarnar.

Fiquei absolutamente estupefato e não consegui conter as lágrimas. Eu não havia contado a meu amigo nem a qualquer pessoa no trabalho a respeito de meu cãozinho Blacky. Como essa senhora, que eu nunca vira, que nada sabia a meu respeito, podia me dizer algo tão pessoal?

A experiência me estimulou a pesquisar o máximo possível sobre fé, religião e espiritualidade. Aos 50 anos de idade, ainda estou aprendendo. Daquele momento simples, mas profundo, de quando eu tinha 18 anos, aprendi que os nossos cães representam para nós, e nós para eles, mais do que talvez venhamos a saber.

Dogs' Refuge Home
dogshome.org.au

"Ela escreveu o manual de dedicação"

Kay Moore

Meggie era uma pequena *border collie* que a minha família adotou por meio da Sociedade Protetora dos Animais local. Quando a vimos pela primeira vez, ela se encolhia no canto de um cercado com seus dois irmãos. Com apenas 10 semanas de idade, ela já sentia um verdadeiro terror da vida. No caminho para casa, Meggie vomitou e depois passou a tarde escondendo-se debaixo do sofá. Descobriríamos mais tarde que ela odiava varas compridas, especialmente bengalas. Esse filhotinho havia passado por algo horrível, algo que o afetaria pelo resto da vida. Eu mal sabia, mas essa cadela tímida e assustada se tornaria uma companheira admiravelmente leal.

Na época em que Meggie entrou em minha vida, eu morava numa casa predominantemente masculina, com meu marido e dois filhos adolescentes. Meggie se tornou minha amiga, aquela com quem eu podia falar, que compreendia o meu estado de espírito. Quando eu estava desanimada, ela se levantava de onde quer que estivesse e se aproximava de mim. Eu dividia tudo com ela, e ela compreendia. Ela era a minha menininha. E embora todos na casa a amassem e a tratassem maravilhosamente bem, ela era uma cadela de uma única mulher. Ela nunca precisou de uma guia, porque nunca pensou em sair do meu lado. Meggie escreveu o manual de dedicação.

Eu moro numa fazenda de 6 hectares, no meio de uma das ilhas mais belas do mundo, Mount Desert Island, no Maine. Um riacho corre pelo centro da propriedade rodeada de campos. Além dos campos estão 16 hectares de pinheiros e matas. Esse era o mundo em que Meggie e eu morávamos e que explorávamos juntas.

Meggie nunca latia, mas estava sempre muito atenta a seu ambiente. Se não fosse por seus sentidos aguçados, eu não teria percebido muitas coisas maravilhosas da vida, como o dia em que ela sentou perto de mim olhando fixamente numa direção, totalmente imóvel. Quando me virei para ver o que a atraía, vi uma mãe corça ajudando cuidadosamente seu filhote recém-nascido a levantar-se pela primeira vez.

O nosso tempo juntas era precioso e simples. Eu encontrava alegria no simples fato de me deitar com ela sobre um chão de granito, num dia quente de outono.

Quando Meggie estava com 13 anos, ficou evidente que não estava bem. Alguns dizem que, quando amamos nosso animalzinho de estimação, sabemos quando chega o momento certo de deixá-lo ir desta Terra. Confiei em Meggie em tudo durante muitos anos. Agora era a minha vez de retribuir essa confiança. Liguei para o veterinário e marcamos para a manhã seguinte a hora para acabar com o sofrimento dela.

Eu chorei durante quase todo o anoitecer, até o momento de ir para a cama. Ao recolher-me, Meggie foi para seu lugar de dormir habitual, ao lado de minha cama, e levantou a cabeça para seu último afago de boa--noite. O medo da partida dela, deixando-me, era insuportável e doloroso. Como eu podia fazer aquilo? Como eu poderia superar aquilo? Chorei até adormecer.

Dormi mal. E então, quase de manhã, a cachorrinha que precedera Meggie, uma *husky* chamada Yuki, me apareceu em sonho. Ela se aproximou de mim saltitando, com um grande sorriso canino. Ela estava exultante. Perguntei o que ela estava fazendo ali, e ela respondeu: "Só vim te dizer que estou feliz. É divertido aqui." Ela me disse que, quando os cães morrem, eles continuam correndo e são felizes. Ela procurou me consolar, dizendo que não havia nada com que me preocupar. Eu acordei e me dei conta de que acabara de receber a visita do espírito de Yuki. Ninguém me convencerá do contrário, porque o que ocorreu foi um momento profundo e duradouro de percepção. Lembro aquela manhã como se tivesse acontecido ontem.

Desde aquele sonho, sei que existe um céu para cães e que Meggie está lá. Não sei dizer nada sobre o lugar, só que ele é real. Aquela mensagem especial me confirmou que o fato de eu ser chamada de ser humano não significa que ocupe uma posição mais elevada na escala espiritual do que meus queridos cãezinhos.

Society for the Prevention of Cruelty to Animals of Hancock County
spcahancockcounty. org

Angel

Guide Dog Foundation for the Blind
guidedog.org

"Quanto mais amamos, mais amor recebemos"

Troy Wells

Minha labrador chocolate, Angel, adorava lamber. Sempre que tinha uma oportunidade, ela lambia o meu rosto, o rosto de meus amigos, de meus parceiros, e, quando mamãe vinha para a cidade, Angel lambia as pernas dela depois do banho. Angel era uma lambedora feliz.

Na hora de dormir, a lambeção era maternal. Ela subia na cama e lambia as orelhas do seu companheiro Parker até deixá-las limpas, como uma mãe faria com seus filhotes. Depois, lambia o focinho dele.

Com Angel, valia o momento. A maioria das pessoas precisa de terapia porque o passado é parte do que elas são hoje. Eu penso que tudo o que se refere a viver o momento é uma evolução espiritual. Angel me ajudou a crescer nesse sentido, mostrando-me que cada momento era especial.

Meus momentos com ela constituíram uma vida inteira. Quando ela estava feliz, eu sorria. Quando ela brincava, eu ria. Quando ela sentava debaixo da minha escrivaninha com a cabeça apoiada em meus pés, eu era amado. E alguns dos meus momentos favoritos eram rituais.

Angel tinha um apetite insaciável. Era como se a comida desaparecesse num piscar de olhos. Comer era uma das atividades preferidas dela, que mal conseguia esperar que a manhã chegasse. O jeito como ela me adulava para lhe dar o café ainda me faz rir. Angel era sempre a primeira a acordar em nossa cama, ou era isso que eu deixava que ela pensasse. Eu ficava deitado inerte, relaxado, e ela fazia de tudo para me acordar. Começava respirando no meu rosto, aproximando-se o mais que podia, mas sem me tocar. Quando isso não funcionava, ela puxava as cobertas com o focinho. Se ainda assim nada acontecia, ela empurrava o meu braço até fazê-lo pender da cama. E, se tudo isso falhasse – o que era frequente –, ela subia com delicadeza e sentava nas minhas costas (com todos os 35 quilos de seu peso) e choramingava. Com alegria, ela era condescendente com a nossa diversão matutina, até e mesmo no último dia da vida dela.

Angel morreu de repente, de aneurisma cerebral, quando tinha 12 anos.

Penso que a perda de um ente muito querido afeta profundamente o nosso modo de ser. Depois de perder Angel, compreendi que tudo o que nos é prometido é "o momento", e, se observarmos atentamente, a beleza nos envolve.

Depois da morte de Angel, reuni as fotografias que meu companheiro e eu havíamos tirado dela ao longo dos anos, com a intenção de montar um álbum. Mas, como eu continuava chorando a sua perda, guardei-as até algum outro momento.

Muitos meses se passaram e eu encontrei o álbum perfeito. De novo, porém, deixei-o de lado para um momento mais propício.

Certa manhã, peguei as fotografias e as espalhei sobre a mesa da cozinha. Busquei o álbum, pois intuí que esse era o dia para preenchê-lo com lembranças felizes. Enquanto organizava as fotos, desde o tempo de filhote de Angel até sua morte, meu companheiro perguntou o que eu estava fazendo. Respondi que estava montando o álbum de fotografias de Angel. Ele olhou para mim e perguntou com jeito engraçado:

– Você sabe que dia é hoje?

Eu não lembrava.

– Foi um ano atrás, no dia de hoje, que Angel morreu – ele disse. Esse foi meu primeiro sinal.

O tempo passou. Certa manhã, acordei e comecei a contar um sonho engraçado para meu companheiro. Sonhei que um cachorro lambia o meu rosto. Num comentário breve, ele me lembrou que Angel havia morrido nessa mesma data três anos antes.

A lembrança dos aniversários de Angel fortaleceu minha fé no invisível. As pessoas, em geral, procuram um sinal depois da morte de um ente querido. Eu tive o meu sinal mais de uma vez. Alguns podem dizer que foi uma coincidência consciente, a data guardada nos meus bancos de memória, mas não acho. Penso que todos recebemos sinais de nossos animais de estimação quando eles morrem, mas nossa mente preocupada não dá atenção ao que poderíamos considerar um sinal. Tomei a decisão de não me preocupar com o que outras pessoas pensam. Se você considerar alguma coisa um sinal, guarde-a em seu coração, e saiba que o seu pequenino está sempre com você.

Angel me ensinou a entregar-me à alegria e felicidade do momento em que estamos. Meus pais são idosos agora e eu às vezes penso sobre o falecimento deles e como será a vida depois, mas então lembro a mim mesmo que posso viver esses momentos quando eles chegarem. A Angel me ensinou a desfrutar dos meus pais agora.

Angel teve um objetivo divino em minha vida. Ela me ensinou que, quanto mais amamos, mais amor recebemos. O momento é agora.

"A vida não é um problema a ser resolvido"

Tom Sullivan

Nos últimos meses de vida de minha mãe, era principalmente meu pai que cuidava dela. Eu observava como ele trocava as fraldas dela e fazia de tudo para aliviar-lhe a dor. Ele a amava incondicionalmente. Só compreendi o significado de um amor tão profundo quando Parker, meu labrador *retriever-weimaraner*, começou a envelhecer.

Praticamente qualquer pessoa pode criar um cachorro, mas creio que Deus escolheu meu companheiro e a mim para criar Parker, para lhe dar o amor e a segurança que ele não havia conhecido e também para nos dar lições de vida. Parker fora abandonado e mais tarde encontrado vagando sozinho no norte da Geórgia. No começo, ele não entrava em casa, mas, com amor e dedicação, tornou-se rapidamente um membro de nossa família, junto com nossa labrador chocolate, Angel.

Parker recebeu esse nome por associação com "guarda do parque", pois o que ele mais gostava de fazer era passear. Quando dizíamos "Parker, você quer passear?", ele aguçava os ouvidos, agitava a cabeça para os lados e começava a cantar. Ele uivava, e nós uivávamos com ele. Quando não estava passeando, ele sentava-se na cama e ficava olhando pela janela da frente, observando cada criatura que passava, com os olhos especialmente fixos no gato do vizinho, que gostava de caçar nas moitas próximas.

O amor incondicional de Parker alentava minha alma. Ele era uma rocha de serenidade nos momentos de transição de minha vida. Quando fui despedido de um emprego que tivera por trinta anos, e dois anos mais tarde deixei outro, foi ele que me ajudou a dar sentido à minha vida.

Comecei a ir à igreja, onde encontrava uma paz que transcendia toda compreensão, a mesma sensação que eu tinha com relação a Parker. Ele não era apenas meu companheiro, meu amigo e meu filho, mas também uma alma divina que compreendia tudo a meu respeito.

Treze anos se passaram. Vivemos uma vida feliz. E então, certa manhã, ao descer para o quintal pela escada dos fundos, Parker gemeu. As pernas começavam a fraquejar. No mesmo dia, construí uma rampa para ele no quintal e fiz minha cama no chão.

Depois, Parker passou a sofrer de incontinência urinária, e então aprendi tudo sobre fraldas, desde descobrir o tamanho até o modo de fazer uma abertura para a cauda. O uso da fralda me pouparia o incômodo de ter de limpar o chão da urina que vazava a qualquer hora do dia ou da noite.

Com o passar dos meses, a artrite nas pernas traseiras se agravou. Parker começou a perder peso; para estimular-lhe o apetite, dávamos pão entre as refeições e às vezes pequenas porções de carne misturadas à ração. Ele odiava tomar os comprimidos para a artrite, por isso resolvemos usar óleo de peixe e glucosamina para aliviar a inflamação nas articulações.

Nos últimos dois meses da vida de Parker no plano físico, eu levantava a qualquer hora da madrugada para trocar sua fralda e levá-lo para fora. Eu dormia por períodos de três horas e então acordava para confortá-lo. Às 4 horas de uma madrugada dessas, praticamente sem dormir, supliquei a Deus dizendo: "Não aguento mais isso. Por favor, leva-o durante o sono." Eu não queria brincar de Deus. Eu não queria tomar a decisão de tirar-lhe a vida. Eu esperava que Deus pudesse facilitar as coisas para mim. Mas sabia também que a vontade de Deus era que eu cuidasse de Parker até o último instante.

Tom e Parker

Pets Are Loving Support
palsatlanta.org

Meus amigos sempre repetiam: "Quando chegar a hora, você saberá", ou "Deus lhe dará um sinal." E eles estavam certos. Certa madrugada, acordei para levá-lo para fora. Um pouco antes naquela semana, eu havia notado que ele caminhava ligeiramente curvado. Nessa madrugada, ele nem bem conseguia ficar de pé e quase caiu ao tentar chegar à porta dos fundos. Naquele momento, tive certeza. Enviei um e-mail para a dra. McReynolds, veterinária local que atendia a domicílio, e pedi-lhe que me telefonasse pela manhã.

Parker foi para sua almofada na sala de estar, onde às vezes ficava quando levantava cedo; eu voltei para minha cama e fiquei olhando para o teto, pensando em minha decisão. Algumas horas mais tarde, acordei com os gemidos de Parker. A fralda havia soltado. Ele tinha defecado na almofada, levantado, andado quase um metro e urinado, acabando por escorregar e cair no assoalho de madeira. Sem conseguir segurar as lágrimas, ajudei-o a se levantar, massageei suas pernas e comuniquei a meu companheiro a decisão que eu havia tomado naquela madrugada.

Ao meio-dia, telefonei para a dra. Reynolds.

– Às três da tarde de hoje, o que me diz? – ela perguntou. – Isso lhe dará mais algumas horas na companhia de Parker.

Restavam-me só mais três horas para passar com meu garoto aqui na Terra. Emoções de todo tipo perpassaram meu corpo. Deus nos havia dado um belo dia de sol quente, céu azul e borboletas divertindo-se com as flores. Meu companheiro e eu procuramos conter nossas emoções, para que Parker não sentisse a nossa tristeza. Tiramos fotografias, fizemos um vídeo e o ajudamos a fazer seu passeio predileto pela rua. Na volta, Parker subiu lentamente a rampa de acesso à casa, bebeu uns goles de água e foi para sua cama. Ofereci-lhe alguns pedacinhos de carne, que ele pegava na palma de minha mão. Sentir nos meus dedos a quentura do seu nariz e língua era confortante. Eu olhava seguidamente para o relógio, sabendo que em pouco tempo meu amigo estaria livre da dor e a caminho de correr e brincar com sua irmã Angel, que havia partido três anos e meio antes.

Um pouco antes das 3h, a dra. McReynolds chegou. Ela se ajoelhou e abraçou Parker, acariciando-lhe a cabeça e dando-lhe beijos calorosos. Ele parecia não se importar com a presença dela como se importava com a maioria das pessoas. Talvez ele soubesse que ela iria ajudá-lo. Talvez a paz que ele sentia se devesse ao fato de que sabia que Deus estava ali a seu lado.

A casa estava silenciosa e tranquila. Uma brisa suave e morna entrava pelas janelas abertas. Enquanto a dra. McReynolds se preparava para enviar Parker para o céu, nós ouvíamos uma canção que nos lembrava o amor e a devoção dele. Enquanto a canção tocava, Parker adormeceu profundamente, libertando-se da dor e do sofrimento. Pouco depois, seu nariz estava frio e seu espírito estava livre do seu invólucro envelhecido.

Mais tarde aquela noite, recebemos um presente. A casa estava quieta. De repente, ouvimos o som de unhas marcando a madeira do assoalho. Eu e meu companheiro nos sentamos na cama; nós dois ouvimos o barulho. E, logo em seguida, ouvi Parker sacudir a cabeça e bater as orelhas cinza -prata, fazendo sua coleira tilintar – o mesmo som que eu ouvia todos os dias quando ele acordava. Fiquei todo arrepiado. Levantei-me para ver o que era. Mesmo não podendo ver Parker, eu sentia sua presença. Seu espírito estava vivo e me enviava um sinal de que ele estava bem. Ele não queria que eu ficasse triste. Quando chegasse a minha hora, ele e nossa cachorrinha Angel estariam esperando por mim no portão do paraíso.

Parker é uma criação divina, uma extensão de Deus. Através dele, aprendi a amar incondicionalmente. Ele também me ensinou que a vida não é um problema a ser resolvido. Ela é um mistério divino a ser vivido.

Somente depois que me envolvi pessoalmente nos cuidados de Parker foi que compreendi, plenamente, o que meu pai havia feito por minha mãe. Ele a havia amado incondicionalmente. Telefonei para meu pai e lhe agradeci por tudo o que ele fizera por minha mãe. Então, pela primeira vez na vida, eu disse a meu pai que o amava.

"Não tenho mais medo de morrer"

Sally Nicholson-Fisher

Billy tinha 5 anos quando o encontrei no Retired Greyhound Trust (RGT), em Essex, Inglaterra. O RGT é uma entidade beneficente que recolhe *greyhounds* aposentados. Fui visitar os canis da entidade, sem nenhuma intenção de voltar para casa com um cachorro. Mas me apaixonei por um enorme *greyhound* alvinegro chamado Billy. Informaram-me que Billy fora um campeão em pistas de corrida com barreiras antes de ser aposentado, sendo profissionalmente conhecido como "Wood Cherish".

No primeiro dia em casa, ele andou por toda parte, inspecionando o espaço e depois, de repente, pulou no sofá. Evidentemente, era um campeão de corridas.

O cão era belo em seus movimentos. E também muito inteligente e amoroso. A companhia dele me deixava feliz. Ele me adorava e eu o adorava. Logo criamos rituais que muito nos apraziam. Após o trabalho, todas as noites, passeávamos juntos. Seu lugar preferido era um espaço chamado Hilly Fields, uma área enorme onde ele podia correr à vontade. Nos finais de semana, nós nos dávamos o presente de um passeio a um parque natural chamado Whitewebbs, em Enfield, outro lugar com um espaço aberto imenso. Billy estava livre para saltar sobre troncos na floresta e correr pelos campos e ao longo do rio. Observá-lo correr era alegria pura. Ele era como luz do sol líquida, fluida e bela, um foguete peludo.

Nosso tempo juntos foi bonito e divertido. Billy me fazia rir e conservo uma lembrança que ainda me faz sorrir. Uma vez ao ano, o RGT estava autorizado a promover um evento para arrecadar fundos no Walthamstow Racing Stadium, uma vez que muitos dos cães participantes acabavam nos canis do RGT. Muitos dos velhos cães participavam do evento, vestindo coletes inscritos com seus nomes de atleta e desfilando em torno da pista com seus orgulhosos proprietários. A pista ficava ligeiramente acima dos olhos dos espectadores. Num dos eventos, Billy levantou a perna e urinou nos que estavam por perto. Seu alvo principal foi um homem, que desatou a gargalhar, no que o acompanharam seus amigos. Fiquei me perguntando se Billy, com esse gesto, estava demonstrando desdém pelo "esporte" que o havia entregue às traças depois de terminados os seus dias de vencedor. Mas foi um belo dia. As pessoas apontavam para Billy e diziam:" Aquele é o velho Wood Cherish. Ele me ajudou a ganhar alguns trocados!" Eu só podia esperar que eles retribuíssem de alguma forma, fazendo doações para o RGT.

Billy estava comigo havia cinco curtos anos. Então, em algum momento, ele começou a mudar seu comportamento e passou a ameaçar as pessoas. Depois, começou a morder. Doía-me o coração pensar que as pessoas tinham medo dele ou o consideravam feroz. Por isso, levei-o ao veterinário, com a esperança de que ele talvez detectasse algum problema ou dor que deixava Billy irritado. A notícia foi pior do que a esperada. Billy tinha um tumor cerebral que alterava sua personalidade. Eu o levei para casa e o preparei para o dia terrível em que me despediria dele para sempre.

Naquela manhã, meu filho George e eu o levamos para o seu lugar preferido, Hilly Fields, para uma última corrida. À noite, nós o levamos ao veterinário. Enquanto, sentada no chão, eu segurava Billy, a alma que havia me dado o amor que nenhum homem jamais demonstrara por mim, uma aflição profunda tomou conta de mim.

Alguns meses depois, visitei uma senhora espiritualista. Ela nada sabia a meu respeito. Quando me sentei, antes de qualquer outra coisa, ela disse:

– Há um cachorro enorme sentado a seu lado.

Eu não podia acreditar. Ela não sabia absolutamente nada sobre mim.

Essa foi a confirmação de que Billy ainda está e sempre estará comigo. Não tenho mais medo de morrer. Tenho certeza absoluta de que encontrarei Billy novamente. O amor jamais morre – pelo menos, não o amor que existe entre um cão e seu dono fiel.

Retired Greyhound Trust
retiredgreyhounds.co.uk

Peanut

Chihuahua Rescue and Transport
Chihuahua-rescue.com

"Ela era a filha que escolhi"

Elaine Smothers

O dia que eu me recusava a aceitar chegara. O câncer se espalhara pelo corpo debilitado de Peanut. Os órgãos começaram a deixar de funcionar, primeiro os rins, depois o fígado. A única coisa que ela quis comer em dois dias foram algumas colheres de ração de filhote, apenas para me indicar que não queria desistir. Eu sabia que ela não deixaria de lutar, pois, embora eu lhe dissesse que ela podia partir em paz, ela sabia que eu não estava preparada para aceitar essa realidade. Peanut, minha chihuahua de 16 anos, frágil, tomada pelo câncer, não foi apenas a minha melhor amiga durante dezesseis anos. Ela foi a minha professora, a minha mentora e a minha confidente.

Quando Peanut entrou na minha vida como um filhote de 7 semanas, eu acabara de casar, e ela era a "filha" que escolhi. Em retrospecto, eu não podia ter escolhido melhor. Ao longo de treze anos de um casamento turbulento, de dois anos de cuidados dedicados a uma mãe com doença terminal, de um divórcio penoso e de quatro anos de vida sozinha, ela me manteve saudável. Ela me ensinou o significado do amor incondicional, a importância dos limites, a sacralidade da confiança e da lealdade e a alegria irreprimível de viver o momento. Mas seu maior presente e lição rasgariam o véu que separa este lado do outro da vida.

Várias semanas antes, combinara com o veterinário para que a eutanásia de Peanut fosse feita em casa. Ela sempre tivera verdadeiro pavor do consultório do veterinário, e eu estava decidida a fazer com que ela deixasse esta vida rodeada pelas pessoas e coisas que ela mais amava. Assim, numa manhã fria de fevereiro, quando seu sofrimento se tornou insuportável, fiz a tão temida ligação.

No dia seguinte, Peanut estava no meu colo, com a cabeça apoiada em meu braço, seus beijos afetuosos ainda tentando me confortar. Seu corpo emagrecido, debilitado, quase não pesava, e ela não ofereceu nenhuma resistência quando o veterinário introduziu a agulha em sua perna. Quando ela deu seu último suspiro, quase imperceptível, o fio que a prendia a esta vida se rompeu. O peso de seu corpo se acomodou suavemente em meus braços, livre de dor e sofrimento, finalmente em paz. Meu coração sangrava.

Cobri seu corpo, que esfriava rápido, com uma manta e a coloquei em sua almofada favorita. Eu não suportei deixar o veterinário levar seu corpo; eu não podia me separar com tanta rapidez do pouco que restava dela. Então me sentei com ela durante algumas horas, perguntando-me como sobreviveria a essa última perda e questionando, inclusive, se eu queria continuar vivendo. Levei seus restos para o consultório do veterinário aquela tarde, para serem cremados no dia seguinte. Não lembro como voltei para casa, mas me lembro claramente da sensação de vazio sepulcral de meu apartamento quando entrei. Onde até então houvera uma cauda abanando e beijos de alegria, agora restava apenas vazio e um silêncio total, mortal, ensurdecedor. Não consegui recolher seus potes de água e de ração nem sua cama e brinquedos; deixei-os onde sempre estiveram, como se ela pudesse voltar. Eu estava muito longe de aceitar, quase chegando a ponto de nem sequer me importar com isso. Ela se fora, e eu estava sozinha; nada mais parecia importar.

Enchi uma banheira com água anormalmente quente; o suor brotava de meu corpo aos borbotões, como as lágrimas de meus olhos. Olhando para o teto, procurando ouvir o tamborilar familiar de pequeninas unhas no tapete de linóleo, palavras e em seguida frases começaram a se ordenar, reordenar e tomar forma em minha mente. Eu não escrevia poesia havia anos, desde a perda de minha mãe para um câncer semelhante, há exatos dez anos e um mês. No entanto, o processo se revelava misteriosamente familiar, à medida que uma frase fluía para outra, até completar o poema. Enxuguei-me rapidamente, vesti-me e corri para o computador para escrevê-lo na íntegra, antes que pudesse evaporar como o vapor da água do banho que esfriava rapidamente.

Não havia escurecido ainda, mas fui para a cama mesmo assim. Eu dormiria pouco aquela noite. O lugar preferido de Peanut era a meu lado, debaixo do acolchoado, com a cabecinha apoiada em meu braço, mas essa lembrança em nada ajudou. Sua ausência era palpável e o sono, interrompido, para dizer o mínimo. Passei o dia seguinte num poço de tristeza e depressão tão escuro e profundo que parecia não ter fim. Voltei a ver antigas fotografias, afaguei os brinquedos que ela amava e me estendi na cama em que ela adorava tomar sol. Eu não conseguia absorver a insistência da sensação, da ideia de que ela se fora e não voltaria.

Pouco depois da meia-noite, liguei o computador e acessei a internet. Visitei *websites* dedicados à morte de animais de estimação, relendo a história da Ponte do Arco-íris, e postei vários memoriais para ela. Participei com certa indiferença de algumas discussões numa das salas de bate-papo sobre animais falecidos, mas principalmente li outras histórias semelhantes à minha. Foi proveitoso saber que eu não era a única a sentir uma perda e devastação tão profundas. A quilômetros de distância, um grupo de desconhecidos com um vínculo comum unia-se em sua dor e tristeza por amigos falecidos e lembrados com carinho.

Olhei para as quatro paredes de meu apartamento vazio e percebi que tinha duas opções: terminar tudo agora ou encontrar uma razão para sair da cama todas as manhãs e continuar a viver. Eu não tinha parentes ou irmãos, e a segunda opção envolveria outro ser vivo. Eu não conseguia imaginar-me procurando outro cachorro tão cedo. A simples ideia me deixava envergonhada e me sentindo traidora da memória de Peanut. Ainda assim, para avaliar minha reação, forcei-me a rolar várias páginas de cães disponíveis no site *Petfinder* e nos classificados. Nada. Nenhum interesse.

Faltava pouco para as 2 da madrugada quando fui para fora, para tomar um pouco de ar fresco. As luzes fluorescentes na área coberta ao lado de casa emitiam claridade suficiente para o quintal, permitindo ver os pontos preferidos de Peanut para tomar sol e fazer suas necessidades. Estava muito frio, o tipo de clima de que nem eu nem ela gostávamos. As estrelas eram como cristais congelados incrustados num céu de granito negro. A uns quinze metros da área coberta, uma pequena elevação delimitava o espaço gramado e caía abruptamente numa ravina espessamente arborizada, que confinava com um bairro vizinho. O terreno embaixo estava coberto por uma grossa camada de folhas secas, que tornava até os movimentos furtivos de um esquilo demasiado altos para um animal daquele porte. Quando fixei o olhar na pequena elevação, um pequeno animal marrom-claro com orelhas grandes surgiu no topo. Ele sentou-se e ficou olhando fixo para mim. Ele devia ter subido a ravina saindo do meio das árvores, sem nenhum ruído, o que também seria impossível por causa da cobertura do solo. Fiquei arrepiada e procurei me convencer de que havia uma explicação lógica para o que eu via. Mas logo entendi que o que eu via não era deste mundo, e que minhas racionalizações não faziam sentido. O animalzinho parecia Peanut na plenitude da vida, jovem novamente e com ótima saúde. Durante quase cinco minutos, seu olhar não se desviou do meu, nem o meu se desviou do dele. Ele estava tão estático quanto as árvores, sentinelas atrás dele, sem tremer nem sacudir, embora eu me agitasse o suficiente por nós dois. Quando tentei me aproximar, ele desapareceu tão silenciosamente como havia aparecido.

Só me dei conta do quanto eu tremia e de que as lágrimas inundavam meu rosto quando fechei a porta atrás de mim. Sentei no sofá e olhei pela janela, para o ponto em que ele havia aparecido. Eu não esperava que voltasse, e de fato não voltou. Mas eu não podia parar de tentar racionalizar a experiência e de explicá-la como um encontro casual ou uma coincidência fortuita. Quando olhei e vi os pelos ainda eriçados nos meus braços, parei de procurar explicações e deixei a alegria do momento invadir-me. Lembrei como Peanut sempre conseguia encontrar alegria em cada minuto que Deus lhe dava. Ao agonizar, ela estava me lambendo, consolando e confortando, quando o último suspiro deve ter levado toda a força que seu pequeno corpo tinha a oferecer.

Sentei-me diante do computador e olhei para a tela. Estava deslumbrada diante do milagre que era um cachorro e me perguntava qual seria a melhor forma de honrar a memória de Peanut. Ao levantar-me e ir para fora, eu deixara o computador numa página de anúncios de chihuahuas. Rolei para a página seguinte, e o que apareceu foi a face de dois pequenos anjos, duas pequenas irmãs chihuahuas que, de certo modo, eu já conhecia. Seus nomes eram Esperança e Graça. Não houve a mínima sombra de dúvida; o que houve foi um saber profundo e instantâneo que jamais se questiona. Talvez eu tivesse a vida de mais um cão em mim, por isso, por que não dois de uma vez? Que melhor maneira de homenagear a lembrança de Peanut do que dar a outro o que restava do meu amor? Terá sido isso que Peanut voltou para me dizer? Acredito que sim. Ela havia encontrado uma maneira de me trazer a fé, de saber que algum dia estaríamos juntas novamente... e a Esperança e a Graça para me amparar.

Lembranças trazem anos mais jovens antes de a idade levar
todas as coisas que você adorava fazer; pular, correr, brincar,
deitar no concreto ensolarado, diante do fogo da lareira,
aconchegar-se sob as cobertas e roupas recém-secas.
Em tempos de alegria e tristeza, doença e desespero,
meu mundo era sempre mais brilhante porque você estava lá.
Mas agora que teu corpo fraqueja, a idade nos levou a um lugar
onde a morte está à espera; nada de última graça salvadora.
Enquanto seguro você pela última vez, mesmo diante da morte,
você lambe minhas lágrimas, me consola, até seu último suspiro.
Mas ainda sinto você comigo; sei que jamais nos separaremos,
pois você vive dentro de mim, está enterrada em meu coração.

Compaixão

Compreensão com empatia

D e modo geral, as pessoas acreditam que os cães não são dotados do sentimento de compaixão. No entanto, se você conhece ou conheceu o amor de um cão, sabe que isso não é verdade. Segundo o cientista e professor Marc Bekoff, os cães sentem empatia e compaixão e têm emoções e sentimentos. Bekoff é um expoente no estudo da mente animal. Em seu livro *The Emotional Lives of Animals*[5], ele fundamenta seu trabalho com referências a mais de duzentas revistas, pesquisas e livros científicos. Ele afirma que estudos neurológicos e comportamentais mostram, sistematicamente, que nossos amigos animais sentem emoções, entre as quais medo, raiva, tristeza e alegria. Bekoff e outros especialistas estão esclarecendo o mistério ao confirmar, cientificamente, o que a maioria de nós já sabe: os cães compreendem.

Sem dúvida, os cães sentem compaixão por nós, de modo especial quando passamos por situações difíceis. Esta manhã, depois de observar durante uma semana minha querida ChickPea sofrer de paralisia por causa de um tumor cerebral, acabei encolhida no chão, soluçando, temendo o inevitável. Sua melhor companheira, CousCous, que ficara ao

---

[5] *A Vida Emocional dos Animais*, publicado pela Editora Cultrix, 2010.

lado dela durante dias, ela própria mal conseguindo caminhar, se aproximou de mim, deu um jeito de chegar a meu rosto e me lambeu com todo vigor. Eu quase podia ouvi-la dizer: "Eu sinto por você, mas pare com isso. Eu preciso voltar para ela." Se você conheceu o amor de um cão, isso não é surpresa, e provavelmente terá vivido algo parecido.

Foi durante uma expedição a Londres que ouvi uma das histórias mais engraçadas que conheço sobre cães e empatia. Na época, eu fazia parte do conselho diretor da Dog's Refuge Home, em Perth, Austrália. Nosso objetivo de recolocação, como o de todos os abrigos, era encontrar lares perfeitos para nossos cães – já na primeira tentativa, para evitar um ciclo de abandono. Para entender isso um pouco melhor, pense numa criança que passa a vida sendo transferida de um lar adotivo a outro. Ela normalmente cresce com problemas de abandono. A mesma coisa acontece com os cães. Eles querem amor e a segurança que dele deriva – como todos nós. Assim, empenhamo-nos em encontrar para o adotante o cão mais compatível com ele e com seu estilo de vida. Não é tarefa fácil. Quando eu soube que a Battersea Dogs and Cats Home usava um programa de computador que ajudava a eliminar possíveis problemas de compatibilização, parti entusiasmada para uma viagem de pesquisas a Londres.

A Battersea Dogs and Cats Home foi criada em 1860, sendo a instituição mais antiga em Londres dedicada à proteção de animais domésticos resgatados. Atualmente, é mantida com doações e tem como objetivo primordial encontrar lares compatíveis para mais de 10 mil animais por ano.

A entidade acolheu meu interesse e me convidou a acompanhar sua equipe no exercício de suas funções. Depois de um giro pelos bastidores das instalações, fui entregue a uma jovem para aprender sobre recolocação. A sala de espera estava cheia de pessoas dispostas a adotar. Fui colocada no fundo de uma pequena sala de entrevistas envidraçada, observando os candidatos que entravam e eram entrevistados. As respostas eram introduzidas num programa de computador, que as combinava com o cão ou cães perfeitos para o candidato. Eu pouco ou nada sabia a respeito da eficácia do sistema, até que uma mãe idosa e sua filha entraram na sala com seu cachorro.

O mau cheiro das duas grudou em mim. A mãe estava na faixa dos 70 anos e a filha, nos seus 50. De aparência desleixada, seguramente fazia tempo que não tomavam banho. Seu enorme cachorro, um *spaniel*, estava feliz e sem dúvida as adorava. Elas explicaram que o companheiro dele havia morrido de velho recentemente e que estavam à procura de outra companhia. Informaram, também, que tinham gatos.

Battersea tem em torno de quatrocentos cães em seus canis, para entrega imediata. A entrevistadora introduziu os detalhes das senhoras no computador e apenas duas compatibilidades apareceram. Uma delas era um *terrier escocês* puro, de pelagem branca. As senhoras ficaram animadas.

– Mas – disse a entrevistadora – ele tem problemas de comportamento. – E explicou-lhes minuciosamente que ele havia sido recolocado três vezes e sempre fora devolvido. Ele era um bom cachorro, mas estava na lista para ser sacrificado. Pensei comigo: "Bem, é isso. Quem vai querer um cachorro sabendo que ele vai urinar por toda a casa?" As senhoras se olharam, deram de ombros e então a filha disse:

– Todo mundo faz isso lá em casa.

O passo seguinte consistiu em promover um encontro de apresentação dos dois cachorros, que se deram muito bem. Depois, o teste com os gatos, o contato com um gato para observar a reação do cachorro. Entramos numa sala onde havia um gato, fechado numa caixa de transporte. O cachorro não demonstrou interesse absolutamente nenhum pelo bichano. Em vez disso, preferiu levantar a perna traseira em todos os cantos da sala. Havia urina em toda parte.

As senhoras estavam felizes porque o cão fora aprovado nos testes com o gato e com o cachorro delas. Quando saíram com seus cães, não tive dúvidas de que todos viveriam felizes juntos pelo resto da vida.

Fiquei perplexa com a experiência, e também muito animada. Nós duas não conseguíamos parar de rir. Ríamos com a absoluta perfeição da combinação. Ao mesmo tempo, elogiei a funcionária por não discriminar pessoas por causa da aparência ou, nesse caso, do mau cheiro. Gostei da compaixão que ela demonstrou pelas duas. No entanto, ela me esclareceu que compaixão e humanidade não tinham nada a ver com o caso.

Tratava-se de uma combinação obtida via computador. E acrescentou: "Se você está interessada numa história sobre compaixão, eu tenho uma. É sobre um dos nossos cães."

Era o ano de 2004, e o abrigo passava por uma série do que se suspeitava serem invasões. Num dos setores do canil, alguns cães eram sempre soltos à noite. Inicialmente, pensou-se que devia ser brincadeira de alguém. Mas o fato acontecia todas as noites. O pessoal chegava de manhã e encontrava a cozinha toda revirada e cachorros andando pelas salas.

Câmeras foram instaladas para tentar flagrar o infrator no ato. E conseguiram. O autor da "brincadeira" era um cachorro chamado Red, um mestiço com aparência de *greyhound* conhecido como *lurcher*, e ele não estava invadindo, mas libertando.

Como as câmeras mostraram, Red corria o ferrolho do seu canil com o focinho e os dentes, e ia para a cozinha comer o que conseguia encontrar. Depois de abrir um pacote de alguma coisa e saciar-se com uma bela refeição, ele abria o canil de seu melhor amigo, o cachorro com o qual ele fora encontrado. Em seguida libertava os companheiros mais prediletos. A farra então era completa, com muita festa e brincadeiras no local. Ou seja, o mesmo tipo de algazarra que todos faríamos se estivéssemos presos e fôssemos libertados.

Felizmente para todos nós, as fugidas e a compaixão de Red por seus amigos foram documentadas pelas câmeras e postadas na internet (You Tube/Intelligent Dog). É uma verdadeira histeria ver a cena. É também prova de que cães se importam uns com os outros.

Sempre fui um pouco maluca por cães. Desconfio que, por causa do meu estreito vínculo com eles, muitas pessoas não me entendem. Mas o que as pesquisas científicas combinadas com a minha experiência me ensinam é que os cães que me escolheram e aos quais eu escolhi não só me amaram, mas também se importaram comigo. E essa, sugiro, é uma das razões por que o nosso amor por cães ultrapassa o amor da maioria das outras pessoas.

Battersea Dogs and Cats Home
battersea.org.uk

"Eu não podia acreditar"

Diane Smith

Participar de um programa de terapia canina não foi algo que planejei. Tudo aconteceu por acaso e ganhou impulso como uma bola de neve descendo montanha abaixo. O motivador da boa energia foi um pequeno *beagle*, um cão terapeuta, que visitou minha avó Greth no Lar Luterano, uma comunidade para aposentados e casa de repouso para idosos. Não consigo lembrar o nome do cachorro, mas lembro-me de sua personalidade e do modo como ele afetou minha querida avó.

O Lar Luterano é agradável quando se entra em contato com ele pela primeira vez. É bem montado, com um belo tapete, uma mesa lateral de mogno com flores frescas na entrada e funcionários sorridentes recepcionando os visitantes. Os próprios odores são agradáveis. Os residentes moram em apartamentos aconchegantes, com pequenos jardins, no primeiro andar, alguns com comedouros para pássaros, onde casais envelhecem juntos. Minha avó morou lá durante alguns anos depois do falecimento de meu avô e antes de receber o diagnóstico de mal de Alzheimer e de demência.

À medida que os residentes envelhecem e sua saúde requer mais atenção, eles passam a ocupar quartos nos andares superiores. Lembro-me de minha avó chorando quando soube que seria transferida para cima. Era assustador para ela. Também lembro que pensei que eu não queria que ela vivesse lá. Havia um sistema de progressão, e eu não queria perdê-la em breve.

Para ter acesso ao novo andar de vovó, os visitantes precisavam passar por um porteiro eletrônico. Caso se ocupasse um quarto nesse andar, usava-se uma pulseira hospitalar que disparava um alarme quando se tomava a direção dos elevadores. Eu os ouvi soar muitas vezes. Os enfermeiros e funcionários eram solícitos, e os quartos estavam sempre limpos. Mas os odores não eram tão agradáveis como no térreo e no primeiro andar. Não havia tapetes e a atmosfera era de hospital. Os residentes em cadeiras de rodas circulavam pelos corredores, resmungando consigo mesmos ou falando com cônjuges há muito falecidos. A porta dos quartos ficava aberta para que todos pudessem ser sempre observados, e todos tinham um companheiro de quarto.

Visitávamos vovó muitas vezes. Todas nós, minha irmã, minha mãe e eu, levávamos as crianças quando eram pequenas. Levávamos abóboras para esculpir (um desastre, mas divertido) decorações de *Halloween*, sopas feitas em casa, presentes de Natal e tudo o que era permitido nesse andar. Montamos para ela um álbum ilustrado com as fotos e os nomes de nossos maridos, filhos e amigos, e com tudo o que pudesse deixá-la feliz.

Na tarde em que conheci o *beagle*, o quarto estava ensolarado e parecia melhor do que habitualmente. Vovó estava na cadeira de rodas, usando seu suéter preferido. Sua face estampava um olhar vazio quando entrei toda alvoroçada com minha filha de 3 anos, a Casey. Estávamos sempre levando bonecas, chapéus, bolsas, lápis de cor e lanches, e andávamos bem mais rápido do que outras pessoas naquele andar, até nos aquietarmos.

Uma voz calma precedeu a visita de um *beagle* marrom, preto, branco e bamboleante à entrada do quarto.

– Gostaríamos de fazer uma visita; tudo bem? – perguntou o condutor do cão. Entusiasmadas, Casey e eu os convidamos a entrar. Eu pensava que apenas a família, os funcionários e os clérigos podiam frequentar os andares superiores. Essa foi uma grande surpresa.

Vovó deu a impressão de não perceber nada. Ela vivia em seu próprio mundo, raramente saindo de seu estado de confusão mental, lembrando o passado. O *beagle* subiu na cama, de frente para ela, sentada em sua cadeira de rodas, ficando no nível dos olhos dela. De repente, minha avó levantou a mão e pôs-se a acariciá-lo, reanimando-se. Enquanto o afagava, ela começou a falar. Ela falava, fazia perguntas, tudo com muita lógica. Eu havia visto esse nível de consciência apenas fugazmente, quando membros da família a visitavam. Esse cachorro trouxe de volta essa senhora agradável e divertida, mesmo que por alguns instantes. Eu não podia acreditar!

Nunca mais tive a sorte de estar lá nos dias em que o pessoal responsável pelos cães terapeutas voltou. Mas aquele pequeno *beagle* continuou sendo uma lembrança agradável de uma tarde maravilhosa com minha avó e minha filha.

Depois do falecimento de vovó, minha família adotou Roxy, uma *boykin spaniel* muito bem-educada. Roxy tinha uma disposição fantástica. Eu acreditava piamente que ela seria um cão terapeuta perfeito. Eu sabia que ela podia ajudar outras pessoas, e eu queria fazer parte disso. Para que nossa equipe de terapia tivesse condições de nos avaliar, começamos trabalhando com crianças de uma turma de apoio à leitura. As crianças tinham mais facilidade em ler em voz alta para Roxy do que para seus professores. A cada semana, eu observava Roxy acomodar-se no colo das crianças, relacionando-se com elas e influenciando positivamente as habilidades de leitura delas.

Seis anos atrás, fundei a Roxy Reading Therapy Dogs, uma organização de voluntários, sem fins lucrativos. Atualmente, cinquenta equipes de cães terapeutas Roxy Reading dedicam-se a promover a alfabetização, educando nossa comunidade e levando conforto a crianças do ensino fundamental, através de visitas com seus cães. Mais de mil alunos participaram do programa Roxy Reading, com visitas semanais a mais de uma centena de salas de aula por ano. Nossas equipes de cães terapeutas oferecem apoio e amor incondicional a crianças com dificuldades escolares e com outros problemas físicos e psicológicos graves. O Roxy Reading, como muitos outros programas maravilhosos com cães no mundo, começou porque uma pessoa compassiva e seu cão dedicaram um momento de bondade e generosidade a uma mulher idosa em sua jornada derradeira.

Eu ainda visito a sala de aula onde Roxy e eu fizemos nossa estreia, quando estávamos praticando para nosso teste como terapeutas. Às vezes, quando estamos todos esparramados sobre almofadas dispostas no chão, ouvindo a leitura de uma criança para Roxy, com o sol invadindo a sala, eu penso na vovó e naquele pequeno *beagle*. Eu não tenho dúvidas de que onde quer que ela esteja, ela está ouvindo a leitura de nosso jovem amigo e oferecendo seu estímulo, junto com todos nós.

Roxy

Roxy Reading Therapy Dogs
roxyreading.org

"Ela sempre inspecionava a sepultura"

Linda Pugh

Resgatei Sheba de um abrigo quando ela tinha 6 meses de idade. Quando vi a jovem labrador *retriever* de pelagem preta na gaiola, ela estava muito abatida, com o rabo colado à barriga. Eu a levei para casa, para apresentá-la a minha labrador, Sarah, e ver se ela sairia de sua concha. As duas logo se deram muito bem. Naturalmente, ela ficou e sempre se mostrou agradecida por ter sido adotada.

Sheba e eu logo nos tornamos companheiras inseparáveis. Ela me seguia por toda parte e se recusava a ficar longe de mim. No inverno, viajávamos de nossa casa em Ontário, Canadá, para North Myrtle Beach, na Carolina do Sul. Morávamos a dois minutos da praia onde Sheba e eu gostávamos de passear. Eu procurava conchas e dentes de tubarão, enquanto ela se divertia com algas marinhas e coisas malcheirosas. Num dia de inverno, quando caminhávamos pela praia deserta, Sheba encontrou uma gaivota morta. Ela se aproximou da ave e logo começou a cobri-la com areia, sem usar as patas. Ela empurrava a areia com o focinho. Ao ver o que ela fazia, fui ajudá-la. Quando, para satisfação dela, terminamos o trabalho, com a gaivota totalmente coberta, continuamos nosso passeio. No dia seguinte, apesar de não haver sinais claros e de termos caminhado quilômetros, ela se lembrou do local. Então, correu até lá e jogou mais areia sobre o pequeno monte. Durante vários dias seguintes, ela inspecionava a sepultura e colocava mais areia se fosse necessário.

Ela assumia esse comportamento compassivo com outros animais mortos que encontrava. Um dia, encontrei-a colocando lascas de cedro sobre um rato morto. Outra vez, vi-a levando cascalho da entrada de casa e depositá-lo sobre uma cobra morta. Eu ficava preocupada porque ela fazia esses enterros com o focinho, o que às vezes resultava em ferimentos, principalmente no nariz. Mas essas escoriações não a detinham. Ano após ano, eu testemunhava sua solicitude. Sempre que a via enterrar um animal morto, eu me comovia, e chorava observando-a preocupar-se tanto com outras criaturas.

Caso passe por sua cabeça que ela escondesse essas criaturas para consumo futuro, devo dizer que ela enterrava ossos na horta, sim, mas para essa tarefa ela sempre usava as patas. Ela também tinha um traço de travessura surpreendente. Quando meu marido se sentava em sua cadeira de praia na areia, ela adorava cavar um buraco grande rente às pernas traseiras da cadeira. Inevitavelmente, ele caía no buraco. Também para pregar suas peças ela sempre usava os pés.

Vivi onze anos maravilhosos com minha alma gêmea. Sheba me ensinou que cada manhã é como uma manhã de Natal, algo com que se encantar. E que cada saída de carro é uma aventura, durante a qual a orelha do motorista recebe lambidas vindas do banco de trás. Ela me ensinou a aproveitar as coisas simples da vida: deitar preguiçosamente ao sol, aspirar prazerosamente o ar puro, rolar na grama, fazer um longo passeio ou simplesmente passar o tempo com a melhor amiga.

Também aprendi outra coisa com Sheba. Os mortos devem ser enterrados, não jogados em qualquer lugar. Fiquei surpresa vendo-a compadecer-se de animais de outras espécies. Hoje, quando encontro um pássaro morto por chocar-se contra uma janela ou por afogar-se numa poça de água, eu o enterro. É isso que Sheba gostaria que eu fizesse.

Sheba

Franklin County Humane Society
franklincountyhumanesociety.org

Bella

PJ's Pals
pjspals.org

"Eu podia vê-lo nas sombras, soluçando"

Debbie Harrie

Minha cadela pastor australiano *blue merle*, chamada Bella, entrou em minha vida num de meus momentos de maior solidão. Eu havia perdido duas de minhas melhores amigas no período de três meses. Uma amiga morreu num acidente de carro depois de sair de minha casa, poucos dias antes do Natal, e minha cadela de 13 anos, Bandit, perdeu sua batalha contra o câncer pouco depois disso.

Sem que eu soubesse, meu marido, Tom, começou a procurar um filhote de pastor australiano, estimulado pela esperança de me reanimar. Ele recorreu à ajuda de nosso veterinário, que localizou um filhote ainda de posse de um criador, o último de uma ninhada de dez. Meu marido estava empolgado, mas eu não. Quando ele me comunicou sua intenção, eu disse que não queria um filhote.

Eu não queria amar e dedicar-me a alguma coisa que poderia ser tirada de mim. Eu não acreditava que Bandit podia ser substituída e não aceitava que alguém tentasse substituí-la em minha vida. Eu estava perdida, solitária e irritada. Agora eu sabia que alguém que eu amava podia estar a meu lado num momento e desaparecer no momento seguinte. Eu não estava pronta para seguir em frente.

Mesmo assim, Tom me convenceu a ir até a casa do criador para dar uma olhada nos filhotes. Quando eu estava lá, examinando com relutância os dez filhotes, o menor da ninhada, o nanico, se arrastou por cima dos outros e veio em nossa direção. O criador o pegou e entregou a mim. O filhote se aninhou em meus braços. Eu o segurei por um minuto e o passei a meu marido. Fomos embora sem assumir compromisso. Mas eu não conseguia tirar o filhote da cabeça. Quando o segurei junto ao coração, fiquei emocionada e percebi que não tinha forças para manter a guarda alta.

Bella estava com oito semanas quando a trouxemos para casa. Ela era uma bolinha de penugem branca, marrom, preta e azul, com um olho castanho e outro castanho-claro azulado. Ela era um *merle*, que significa "mármore multicolorido". Logo senti que era um presente de Deus, pelo qual eu era muito agradecida.

Três meses depois, à noitinha de um domingo, estávamos em casa. Tom e eu moramos no deserto de Mojave, na Califórnia, na base de um afloramento rochoso. Como íamos jantar um pouco mais tarde, levamos Bella para fora para que fizesse suas necessidades. Ela começou a procurar um lugar apropriado no quintal, e de repente ouvimos um ganido como eu nunca ouvira antes. Meu marido correu e viu que uma cobra a havia mordido no focinho. Tom matou a cobra com uma pá, sabendo que precisávamos mostrá-la ao veterinário. Era importante saber de que espécie de cobra se tratava, para aplicar o antídoto correto e assim tentar salvar Bella.

Observando a cobra, podia-se ver que ela acabara de engolir um roedor, por isso, felizmente, havia expelido seu veneno nele. Segundo o veterinário, Bella havia recebido uma picada seca, isto é, sem inoculação do veneno. Do contrário, esclareceu, ela não teria sobrevivido ao percurso até o consultório. Foi nesse momento que me convenci de que ela era um presente e que decidi que precisava compartilhá-la com mais pessoas. Estabeleci um objetivo: juntas ofereceríamos terapia para outras pessoas.

No verão de 2010, Bella e eu fomos convidadas a participar de um acampamento de luto para crianças que haviam perdido um ente querido especial. Era nossa primeira vez, e eu estava apreensiva. Fiquei repetindo para mim mesma que Bella saberia o que fazer. Não tenho certeza se acreditava totalmente nisso, mas sabia que ela tinha o potencial. Estaríamos lá pelas crianças, caso precisassem de uma amiga delicada e felpuda.

Foi um dia bonito. Bella gostou de interagir com as crianças. Ela recebeu muitos agrados, entreteve com travessuras e chegou a nadar com as crianças.

Durante o dia, as crianças decoraram sacos de papel pardo para representar seu amor pela pessoa que haviam perdido. Uma vela foi colocada em cada saco. Quando começou a escurecer, as crianças se reuniram à beira do lago e colocaram seus sacos numa balsa. Algumas falaram sobre a pessoa que amavam. Quando escureceu, elas acenderam as velas e soltaram a balsa.

Havia muita emoção a nossa volta. Bella sentiu isso e não gostou. Soltou um gemido baixo e prolongado. Pensei que, se ela continuasse a choramingar, eu teria de ir embora. Eu me agachei e expliquei-lhe que tudo estava bem.

Uma senhora do programa se aproximou de mim e perguntou se podíamos ir até um menino que estava muito triste. Eu podia vê-lo nas sombras, soluçando. Esse era o motivo por que tínhamos vindo. Recolhi a manta e a água de Bella e a minha bolsa e fomos até onde eu tinha visto o garoto. Mas ele havia desaparecido. Eu me senti péssima. Bella e eu procuramos e procuramos. Estava escuro e estávamos numa área arborizada. Por fim, tive de desistir. Essa fora a única coisa que havíamos sido solicitados a fazer durante o dia inteiro, e havíamos fracassado.

Dirigi-me a Bella, dizendo:

– Tentamos fazer o melhor possível, mas simplesmente não estamos conseguindo encontrá-lo. Precisamos voltar. – Mas ela insistia em ficar. Resolvi deixar a iniciativa por conta dela. Ela queria ir para o outro lado do lago, até as pessoas que estavam lá. Deixei que fosse. No trajeto, ela encontrou algumas pedras grandes e subiu nelas. Eu tive de contornar. Quando cheguei ao outro lado, lá estava Bella sob a luz da Lua, atrás de um menino.

Ela não fez nenhum ruído, e esperou que ele percebesse que ela estava lá. Observei-o abrir espaço para ela. Ela imediatamente se adiantou para ficar perto dele. A cena foi comovente – um garoto e um cão sentados numa pedra, contemplando um lago tranquilo, a cabeça de ambos iluminada por uma Lua cheia. Observei em silêncio enquanto eles se comunicavam, e então percebi que a postura do menino mudou. Ele parecia se recuperar. Naquele momento, Bella levantou-se.

Eu me aproximei e disse ao menino que Bella estava muito feliz e tinha gostado muito dos agrados dele. Ele sorriu e disse:

– Ela é muito bem-vinda.

Nós nos despedimos e Bella tornou a subir na pedra e voltou pelo mesmo caminho que viera. Enquanto nos afastávamos, ela mantinha a cabeça erguida e os ombros para trás, e sorria e gingava com satisfação.

Alguns minutos depois, a senhora que havia pedido nossa ajuda se aproximou. Ela nos agradeceu por encontrar o garoto e falar com ele. Compreendi que Bella havia de fato encontrado o menino que precisava de nossa ajuda. Eu havia perdido a esperança de que o encontraríamos. Bella, não. Esse foi o momento mais profundo de minha vida. Olhei para a minha cadelinha feliz e me senti inundada de amor. Eu não conseguia acreditar no que ela havia feito. Eu acabara de testemunhar algo extraordinário entre uma cadela e uma criança que não se conheciam. Isso me fez compreender que deve existir um poder superior para que algo tão extraordinário pudesse ter acontecido.

Quando nos preparávamos para ir embora, Bella viu outro menino. Ele caminhava sozinho, chorando e segurando com força um lenço de papel. Ela correu para alcançá-lo. Uma vez ao lado dele, colocou a cabeça debaixo da sua mãozinha. Ele parou, eles conversaram, e ele a abraçou com afeto. Enquanto se afastava, colocou o lenço no bolso. Foi assim que terminou nossa noite naquele acampamento especial.

Eu hoje acredito que, quando pensamos que alguma coisa é impossível, na verdade não é. Bella me inspira a ser uma pessoa melhor e a dar sem ser levada a isso por algum motivo, a não ser o da alegria de ajudar outras pessoas. Eu me sinto agradecida e abençoada cada vez que olho para ela. Uma das coisas mais importantes que aprendi com Bella é que nem sempre cabe a nós seguir na frente. Às vezes, devemos apenas seguir e ter fé naquilo para onde somos levados.

"Cães sabem quem precisa de consolo"

Alice Kugelman

Em 1994, criei a Connecticut Canine Search & Rescue, um grupo de voluntários profissionalmente treinados que tem como objetivo encontrar pessoas perdidas, desaparecidas ou afogadas. Compõem o grupo uma dúzia de cães e seus respectivos condutores. Cada cão recebe treinamento durante um ano e meio antes de participar de uma busca. Os condutores são treinados durante dois anos.

Um dos primeiros pedidos de ajuda que recebemos foi para procurar um homem que se acreditava ter cometido suicídio. Ele estava desaparecido na região oeste de Connecticut. O chefe do corpo de bombeiros local nos mobilizou e a polícia estadual nos demarcou uma área de floresta fechada para vasculhar, não longe do lugar onde a picape do homem fora encontrada.

No primeiro dia, montamos um plano de buscas a partir de um mapa topográfico, dividindo a área em setores de até 16 hectares. Equipes compostas de um condutor, um cão e um integrante da Search & Rescue foram distribuídas nos diferentes setores. A minha equipe, incluindo meu *newfoundland*, Juno, procurou no matagal durante várias horas e não encontrou nada no primeiro dia.

No segundo dia, fui designada para fazer parte da equipe de comunicações via rádio e permaneci na base, instalada à beira da estrada, perto do carro do homem desaparecido. As equipes se espalharam pela floresta, e muitas horas se passaram antes que chegasse a comunicação de uma das equipes de que o homem havia sido encontrado.

Na Search & Rescue, a equipe que encontra a pessoa deve permanecer no local até a chegada das autoridades competentes. Nesse caso, a equipe estava numa parte remota da floresta, a aproximadamente um quilômetro da base. Nessa época, ainda não se usava GPS e a ajuda demorou muito para chegar.

Pouco depois que a notícia do encontro do cadáver se espalhou, amigos do morto começaram a chegar ao acampamento-base. A situação, então, se tornou mais desgastante, porque parte de nossa tarefa consistia em manter na base os que chegavam, longe do cenário da morte.

Havia na base uma clareira onde antigamente existira uma igreja, agora restando apenas escombros dos fundamentos de pedra. Enquanto cuidava do rádio, de vez em quando eu dava uma olhada nessas ruínas, e, numa dessas ocasiões, vi uma cena que me volta seguidamente à memória.

Um jovem, sem dúvida amigo da vítima, estava sentado numa das pedras dos alicerces. Abbey, um de nossos cães, uma *golden retriever*, estava sentada a sua frente e voltada para ele. Os braços do jovem abraçavam Abbey e sua cabeça quase desaparecia entre a pelagem dela.

Esse cão sensível estava lendo emoções e sabia aonde ir para oferecer ajuda e aliviar o sofrimento.

Alguns anos depois, outro *golden* esteve envolvido na busca de uma vítima de afogamento. Quando o bote inflável chegou à margem onde as pessoas aguardavam notícias, o cachorro saltou e correu imediatamente até uma mulher sentada numa cadeira. Ele se aproximou da mulher e recostou a cabeça no colo dela. Ela era a esposa do homem que havia se afogado.

Esse cenário se repetiu dezenas de vezes ao longo dos quinze anos desde que aquela *golden*, por sua própria iniciativa, me ensinou que muitos cães sabem quem precisa de consolo.

Connecticut Canine Search and Rescue
ccsar.org

"Rezei para que alguém me ajudasse em minha aflição"

David Holmes

Dezembro de 2005, dia 17. Apenas alguns dias antes, eu havia celebrado o aniversário de 51 anos de meu melhor amigo, John, quando recebi uma ligação da irmã dele, Barbara. Ela estava preocupada com John. Ninguém tivera notícias dele havia dois dias. Eu conhecia John bastante bem para saber que, depois da festa, ele provavelmente estaria tirando alguns dias de folga. Eu não via motivos de preocupação. De má vontade, concordei em encontrá-la na casa dele.

Entrei no quarto de John e a primeira impressão era a de que ele estava dormindo. Mas não, ele nunca mais acordaria.

Em momentos como esse, voltamos realmente ao Deus de nossa infância. Comecei a rezar. Rezei pedindo compreensão. Rezei pedindo paz. Rezei para que alguém entendesse o meu pesar.

Nos dias e semanas devastadores que se seguiram, com o enterro e encontros com familiares e amigos, observei que meu cachorro, Buster (uma espécie de patinho feio, parecido com um mestiço *rat terrier*), prestava mais atenção em mim do que de costume. Ele estava sempre a meu lado, pedindo agrados. Quase não pensei no assunto, até uma manhã em que todo o pesar da morte e dos funerais culminou num colapso nervoso, e eu chorei como não chorava desde o falecimento de minha avó, vinte anos antes.

Mais uma vez, rezei para que alguém me ajudasse em minha aflição. Naqueles momentos de oração, observei que Buster se lamuriava e andava pela sala. Tolice minha, mas pensei que ele apenas queria sair para um passeio. Por fim, ele saiu da sala e voltou com sua bola de tênis na boca. Ele se aproximou lentamente de minha cadeira e, com o focinho, empurrou a bola para baixo do meu pé. Em seguida se virou, caminhou até sua cama e deitou. Foi então que entendi. Esse era o ato mais amável, mais generoso, que Buster podia imaginar. Ele havia me dado seu bem mais precioso. Era como se estivesse dizendo: "Pegue esta bola. Ela sempre me ajuda a me sentir melhor."

Buster

Pets Are Loving Support
palsatlanta.org

O presente de Buster me arrancou de meu pesar incontrolável. Ele me ajudou a compreender que ele não era apenas meu cachorro, mas que eu também era seu companheiro humano. Desde que eu o resgatara numa sociedade humanitária, dois anos antes, eu pensava que lhe fazia um grande favor ao levá-lo para passeios regulares, ao brincar com ele e garantir sua alimentação e bem-estar. Eu nunca havia pensado que ele também desempenhava um papel importante na minha vida e que, em sua mente, ele talvez pensasse que também estava ali para me ajudar.

Sou agradecido a Deus por Buster, que estava a meu lado naquele dia terrível. Agora sei que as pessoas e os animais que fazem parte de minha vida me ajudarão a superar qualquer situação, por mais difícil que ela seja. A maior lição que aprendi é que Deus aproximou-me de Buster para estarmos aqui um para o outro. E estamos.

As pessoas dizem que se orgulham de mim por eu "resgatar" Buster, mas penso que a questão de fato é quem resgatou quem.

"Ela não saía de perto de mim"

Lori Hoffman

Era uma manhã comum de março de 2001. Eu não podia imaginar que minha vida mudaria para sempre nesse dia.

Às 8 horas, como sempre, eu me dirigia para o trabalho em Tampa, Flórida, quando peguei uma estrada secundária pouco usada. Ela passa por uma área distante do centro, um lugar onde as pessoas abandonam cachorros, gatos e outros animais indesejados. Sempre vou por esse caminho para ver se algum bichinho precisa de ajuda, pois um animal abandonado não consegue sobreviver nessa região. A estrada, em pista única e cheia de curvas, é ladeada por valas com vegetação alta e espessa, matagal e árvores. Os animais quase sempre morrem de fome, são atropelados ou então são devorados por jacarés, quando tentam beber em covas com água.

Depois de uma curva, três pastores alemães apareceram em minha frente, abandonados, sem dúvida.

Parei e desci do carro. Ficou evidente que os três cães eram fêmeas e haviam sido usadas para procriar. Estavam magérrimas e os olhos expressavam medo. Mostravam-se nervosas com a minha presença; provavelmente nunca chegaram a conhecer qualquer espécie de afeto humano.

Fiquei desesperada para ajudá-las. Planejei voltar à tardinha, depois do trabalho, levando-lhes comida.

Às seis e meia da tarde, voltei com uma caixa cheia de sanduíches. Eu precisava descer numa vala de pouco mais de um metro, abaixo da estrada, para alimentá-las. Joguei os sanduíches para elas e voltei. Uma a uma, elas se aproximaram lentamente e comeram. Embora tivesse me colocado numa posição arriscada, eu sabia instintivamente e sentia em meu coração que essas almas não ofereciam perigo.

Já em casa, enviei dezenas de e-mails para as autoridades locais e para organizações de resgate, pedindo ajuda para capturar os cães. Se não conseguisse obter auxílio rapidamente, meus esforços seriam inúteis.

Dois dias depois, recebi apenas uma resposta a meus apelos. Dennis McCullough, do Setor de Controle Animal do Condado de Hillsborough, em Tampa, se ofereceu para ajudar. Enquanto aguardava uma providência de Dennis, passei três longos dias voltando ao local duas vezes ao dia para alimentar os cães, cada vez ganhando um pouco mais a confiança deles. No quinto dia, Dennis e outras pessoas foram até o local enquanto eu estava no trabalho. Ele me telefonou mais tarde para dizer que havia capturado duas das cadelas, agora sob seus cuidados, mas não conseguira pegar uma delas e a deixara para trás.

Pelo resto do dia, não consegui tirar a pobre cadela extraviada da cabeça. Saber que ela agora estava sozinha naquela região horrível me deixava angustiada. Eu sabia que precisava voltar para encontrá-la e de algum modo levá-la a algum lugar seguro.

Eu a encontrei deitada numa vala, esperando que sua família voltasse. Telefonei para meu marido, Art, que veio imediatamente em meu socorro com uma corda. Eu me aproximei dela lentamente, escondendo a corda com uma das mãos e oferecendo-lhe um sanduíche com a outra. Ela não demonstrava medo, pois sabia, instintivamente, que estava sendo salva e me deixou passar a corda pela cabeça. As lágrimas molhavam meu rosto enquanto eu a levava para o carro, onde ela deixou que Art a abraçasse e acariciasse.

Daquele momento em diante, ela se tornou a nossa Heidi, revelando--se imediatamente muito sensível e afável. Nós a tratamos para livrá-la do parasita do coração e de outros fungos que infestavam seu corpo, e ela se recuperou. A cada dia, ela foi se aproximando mais da minha família: meu marido, minha mãe, meu filho, minha filha, e Cassie, nossa mestiça de labrador *e pit bull* amarela, que a adorava. Mais do que a qualquer outra pessoa, porém, ela se afeiçoou a mim. Aonde quer que eu fosse, seu espírito amoroso e afável me acompanhava.

Três meses depois de resgatar Heidi, descobri que eu estava com câncer no pulmão pela segunda vez. Fui operada e o câncer removido. Na volta para casa, passei a ocupar uma cama de solteiro baixa, na sala de estar, onde podia assistir à televisão e estar com a família. Heidi optou por ficar a meu lado 24 horas por dia, os sete dias da semana. Ela fazia de tudo para que estivéssemos sempre ligadas, seja apoiando o focinho em meu estômago, seja tocando alguma parte de meu corpo com a pata. Quando eu levantava para ir ao banheiro, ela me seguia e esperava do lado de fora, até que eu saísse. Então ela caminhava a meu lado, guiando-me com todo o cuidado na volta vacilante para a cama. Quando me recuperei, percebi de modo cada vez mais evidente que ela sentia as minhas necessidades e, literalmente, buscava alguém da família e o levava até mim, antes mesmo que eu verbalizasse o que precisava. Ela parecia saber quando eu devia tomar os medicamentos para a dor ou se sentia mais dor do que podia suportar. Era como se ela soubesse ler a minha mente. Seu amor era diferente de tudo o que já conheci.

Foi difícil ficar com câncer pela segunda vez. Heidi me deu um motivo para superar o sofrimento. Ela precisava de mim. Na época, não me dei conta de que era eu que precisava dela. Não tenho dúvidas de que Heidi salvou minha vida.

Vinte e duas semanas depois do dia em que vi Heidi pela primeira vez naquela estrada deserta, tudo mudou. Na noite de 10 de setembro de 2001, a noite anterior aos horríveis ataques terroristas de 11 de setembro nos Estados Unidos, ela morreu subitamente de aneurisma, um coágulo de sangue que se deslocou para o cérebro e lhe tirou a vida instantaneamente.

Eu acredito piamente que Heidi foi um anjo que me foi enviado quando eu mais precisava dela. Cumprida a missão a ela designada, e eu totalmente recuperada, ela foi chamada para ir aonde era necessária, como guia para ajudar na passagem das almas nos episódios da manhã seguinte. Tive a graça de conviver com Heidi durante cinco meses e meio, um anjo visitante que, depois de ter sua vida salva por mim, salvou a minha vida em retribuição.

Heidi's Legacy Dog Rescue
heidislegacydogrescue.com

Bonny

Red Dog Farm Animal Rescue Network
reddogfarm.com

"Eu podia ouvi-los gritar de alegria"

Donna Myers

Minha *jack russell*, Bonny, está comigo desde que uma amiga se divorciou e disse que não podia mais ficar com seus cachorros. Eu achava Bonny adorável, e me ofereci para ficar com ela. Ela estava comigo havia apenas sete meses quando observei que era um pouco retraída com crianças, por isso nunca a pressionei a brincar com elas. Por ela se parecer com o cachorro Wishbone, da TV, as crianças estavam sempre ansiosas por conhecê-la. Mas ela se mantinha distante.

Bonny e eu tínhamos um ritual matutino e um ritual vespertino, brincando o jogo de buscar a bola no gramado atrás de nosso prédio. O jogo da manhã era em torno das 7h15, o que nos dava um bom exercício de quinze minutos, antes de eu ir para o trabalho. O jogo da tarde era imediatamente após a minha chegada ao apartamento, pelas 17h15. Bonny era uma boa garota, nunca criando problemas. Ela ficava em casa sozinha o dia inteiro, mas estava sempre pronta a sair e brincar assim que eu entrasse em casa.

Brincar o jogo de buscar a bolinha era um exercício que Bonny e eu fazíamos sozinhas. Ou, pelo menos, eu pensava que estávamos sozinhas. Um dos apartamentos do prédio fazia fundo com o nosso gramado preferido. Certo dia, percebi que dois meninos, um com seus 6 e outro com

8 anos, se acotovelavam na janela, vendo Bonny pegar bolas no ar. Através da vidraça, eu podia ouvi-los gritar de alegria cada vez que ela pulava no ar para pegar a bola de tênis.

Daquele dia em diante, nossas brincadeiras com a bolinha tinham uma torcida animada. O ritual continuou por meses, até que, uma manhã, notei que o menino mais velho nos observava da calçada e não do apartamento. Imaginei que ele estivesse esperando o ônibus escolar. Cautelosa por causa das reservas de Bonny com crianças, achei que era o momento de ela conhecer um de seus maiores fãs.

Quando íamos em direção ao menino, ele correu na direção de um pequeno caminhão e abriu a porta, deixando entrever seu irmãozinho. Este, evidentemente paralítico, estava afivelado ao cinto de segurança. Quando viu Bonny, seu pequeno corpo inclinou-se para a frente, com o rosto radiante. Eu levei Bonny para mais perto, e o menino mais velho pegou a mão flácida de seu pequeno irmão e com ela acariciou suavemente a cabeça de Bonny. Não tenho palavras para descrever o olhar de felicidade no rosto daquelas duas crianças. De repente, Bonny levantou-se e lambeu o rosto do menino, em seguida voltou-se para o irmão maior e lambeu a mão que segurara a mão do irmãozinho para afagá-la. Os meninos soltaram ao mesmo tempo um grito de enorme satisfação. Nós nos afastamos. Eles acenaram. Eu chorei. Os cães sabem.

Nunca fazemos ideia do sofrimento que outras pessoas padecem neste mundo, atrás das janelas fechadas de sua vida ou da alegria que um simples ato de bondade pode proporcionar.

Perdão

Aceitação sem julgamento

ChickPea

Dogs' Refuge Home
dogshome.org.au

Anos atrás, mantive contatos frequentes com um assassino. William Andrews torturou cinco pessoas e foi preso por participação no assassinato de três. Quando o conheci, ele já estava no corredor da morte em Utah havia quatorze anos, e nunca se manifestara publicamente sobre os crimes. Eu era repórter policial de um canal de televisão e estava decidida a fazer uma entrevista com ele antes da execução.

Numa tentativa de conquistar a confiança de Andrews, eu o visitei no corredor da morte a cada quinze dias, durante oito meses. E alcancei meu objetivo. Embora conhecesse os detalhes horríveis de seus crimes, vi sua natureza humana, e fiquei muito assustada. Ela me pôs frente a uma verdade difícil de compreender: pessoas ruins são capazes de fazer coisas boas e pessoas boas são capazes de fazer coisas ruins. Durante a entrevista, Andrews pediu a suas vítimas que o perdoassem. Eu não sabia como elas poderiam fazer isso.

Durante grande parte de minha vida, tive muita dificuldade de entender o conceito de perdão. Por que as pessoas deveriam perdoar? Textos religiosos dizem que, pelo fato de Deus nos perdoar, devemos perdoar o próximo. Num contexto espiritual, trata-se de libertar-nos do sofrimento causado pela raiva e pela mágoa. Não se trata, necessariamente, de livrar o infrator da punição. Ainda assim, para a maioria das pessoas, não é fácil perdoar.

Os cães, por outro lado, são dotados de uma capacidade notável de perdoar. Eles não esquecem. Quando precisam esquecer, toleram. Mas, normalmente, eles perdoam.

Desde criança, sempre tive empatia por cães e outros animais. Raramente senti o mesmo grau de apreço por pessoas. O motivo é que os cães nunca me decepcionaram; as pessoas, sim. Nunca dei maior atenção a essa atitude, até o dia em que tive um momento de inspiração inesquecível.

Ano de 2007. Eu era presidente de um dos maiores abrigos para cães na Austrália. A Dogs' Refuge Home é um abrigo de cães para adoção que mantém até 170 cães. Na época, era uma organização sem fins lucrativos, fundada havia 72 anos e administrada por uma comissão, com 22 funcionários e uma centena de voluntários ativos. A organização não recebia subsídios governamentais e operava com recursos financeiros obtidos com instalações destinadas a hotel e alojamento, com um crematório e com doações feitas por simpatizantes dos cães.

Toda pessoa envolvida com alguma atividade beneficente lhe dirá que se trata de um trabalho de amor. Quando se faz um trabalho beneficente em prol de animais, é complicado. Muitas vezes quem comanda é a paixão, não o bom senso.

Três voluntários estavam causando um caos total no abrigo. Eles gritavam com os funcionários, apresentavam queixas constantes, ignoravam as normas de higiene e saúde, e, inclusive, desacreditavam a organização junto à imprensa. Na verdade, eram três pedras pontiagudas em meu sapato e estavam abatendo o moral da equipe e de outros voluntários.

Todos os dias, praticamente todos nós nos empenhávamos em levantar o milhão de dólares necessário para manter o abrigo por um ano e oferecer um ambiente acolhedor e seguro para os cães sob nossos cuidados. Os três faziam de tudo para que não tivéssemos sucesso. Não bastava termos de ver as atrocidades cometidas contra cães inocentes por membros cruéis da sociedade; tínhamos também de lidar com problemas pessoais de voluntários. Não estávamos avançando.

Noite anterior a uma reunião dos funcionários; o pessoal queria respostas, alguma providência imediata. Eu não sabia o que fazer nem que solução adotar. Como podia liderar a minha equipe se estava me distanciando dela? Sem opções, pedi orientação divina.

Acordei de manhã, e meu caminho estava aberto. Fui para a reunião com muita confiança. Ouvi o pessoal expor as queixas a respeito dos voluntários em questão, e então me vi numa situação embaraçosa. Sugeri aos presentes que os três voluntários, por alguma razão muito importante, talvez se identificassem mais com os cães do que com os seres humanos. Em seu passado, talvez tivessem sofrido nas mãos de uma pessoa cruel e só conseguissem encontrar conforto na companhia de cães. Perguntei se podíamos vê-los como pessoas dilaceradas, como alguns dos cães que chegavam a nós, pessoas que "mordiam", que atacavam depois de anos de abusos. Olhei ao redor e vi que muitos dos presentes tinham lágrimas nos olhos. Alguns assentiam com a cabeça. Houve um momento de silêncio. Eu só compreendi melhor depois de me expressar. A verdade é que a maioria de nós criava empatia com animais abandonados e maltratados por um motivo: nós nos identificávamos com eles.

Dentro do espírito de perdão e compreensão dos cães, solicitamos aos voluntários problemáticos que deixassem a organização e continuassem seu bom trabalho onde seriam mais felizes. A paz voltou à organização e nós aprendemos uma lição preciosa.

Normalmente, pessoas e cães mordem por alguma razão. É tudo uma questão de autodefesa. Respeitando o que desconhecemos sobre o sofrimento dos outros e olhando-os com compaixão, abrimos a porta que pode levar à compreensão.

Por uma razão que só podemos atribuir a uma força superior, os cães têm a capacidade de perdoar, de esquecer o passado e de viver cada dia com alegria. Trata-se de uma qualidade que todos precisamos nos empenhar para desenvolver. A verdade é que, se respeitamos o que não conhecemos e vivemos conscientes de que existem motivos legítimos para que algumas pessoas mordam, não interpretaremos os fatos como algo dirigido a nós pessoalmente. O resultado final será a capacidade de encontrar alegria em nossa vida.

Angel e Stephenie

Bernese Mountain Dog Rescue
bmdrescueca.org

"É mais fácil não reagir aos que atacam"

Stephenie Hendricks

Eu tive um começo difícil. Meus pais viviam um conflito insolúvel que começou antes mesmo que eu nascesse e durou até os meus 15 anos de idade. A vida era caótica, às vezes violenta. Meu pai vivia praticamente ausente e minha mãe tentou suicidar-se. Depois de uma série de pequenas tentativas, saí de casa aos 16 anos, para morar com minhas irmãs mais velhas.

Sempre tive, porém, uma constante em minha vida: meus cães. Meu pai cresceu rodeado de cães. Meu avô administrara uma transportadora que operava com trenós puxados por cães no Alaska. Acredito que papai sabia, por experiência própria de sua juventude, que os animais eram leais e confiáveis. Quando as coisas saíam do controle em nossa vida, ele sempre dava um jeito para que eu tivesse um cachorro.

Meus cães eram meus companheiros, mas eles também cuidavam de mim. Eu tinha um são-bernardo chamado Gulliver, que se comportava como uma babá, e um *peekapoo* (cruza de pequinês *e poodle*), Lilliput, que dormia e até cavalgava comigo na garupa de meu pônei. Nós éramos inseparáveis. Gulliver e Lilliput formavam a dupla que cuidou de mim quando eu era pequena.

Os anos passaram, e eu nunca esqueci o papel importante que os cães sempre tiveram em minha infância. Eu estava casada e tinha duas filhas pequenas quando, na escola das meninas, me apresentaram a um boiadeiro de Berna. Foi esse cão olhar para mim, com seu esfuziante sorriso à *la* Maurice Chevalier, e eu ficar imediatamente cativada pela raça. Dizem que eles lançam encantamentos, e foi essa a sensação que tive! Pouco depois, tínhamos Angel.

Angel era nobre, sábia, devotada e profundamente amorosa. Ela compreendia e amava a todos nós incondicionalmente. Ela era também uma espécie de conselheira.

Durante grande parte de minha carreira, trabalhei como produtora de programas de entrevista para rádio e televisão, num ambiente de personalidades muito competitivas e desumanas, que pareciam sentir prazer em destruir os outros, inclusive a mim. Com a influência de Jerry Springer sobre o formato adotado na produção de programas dessa natureza, pediam-me que, como forma de entretenimento, criasse situações que prejudicavam a vida das pessoas. O ambiente de trabalho era hostil. Optei por trabalhar menos e assim dispor de tempo para criar minhas filhas, liberando-me também para passear com Angel.

Um dia, Angel e eu seguíamos por uma bela trilha quando dois *jack russell terriers* correram em nossa direção e ameaçaram atacá-la. Eles latiam, rosnavam e acabaram pulando nela e mordendo-a, cada um de um lado da mandíbula. Ela levantou a cabeça, erguendo os *terriers* do chão, e olhou para mim como dizendo: "Se eu não os aceitar, eles deixarão de existir." Implorei que ela os repelisse. Eu tinha medo de ser mordida, caso tentasse separá-los. Mas ela permaneceu impassível. Eles logo perderam interesse, se soltaram e fugiram. O olhar de Angel cravou-se no meu, dizendo: "Viu? É mais fácil não reagir aos que atacam."

Enquanto continuávamos o passeio pela trilha, pensei na mensagem de Angel: não se envolva. Para haver conflito, é preciso envolver-se; quando não se revida ao ataque, o confronto não prospera.

Isso era especialmente pertinente para o meu afastamento gradual do ambiente dos programas de feitio tabloide.

Estou muito mais centrada agora. Aprendi que situações provocadoras podem fortalecer e que posso evitar experiências destrutivas, mesmo quando lido com pessoas hostis.

Os anos se passaram, Angel se foi, mas nunca esquecerei os presentes que ela me deu como conselheira. Minhas experiências com ela reforçaram minhas observações de que os seres humanos estão num nível baixo na escala evolutiva de seres amorosos. Como uma de minhas filhas uma vez comentou, "Angel era bem budista!"

"A crueldade pode destruir o corpo, mas não a alma"

Vivian Axmacher

Era uma manhã de setembro, cedinho, pouco antes do nascer do sol, quando uma boa samaritana a caminho do trabalho encontrou um cachorrinho macilento, de pelagem toda emaranhada, e o entregou a um abrigo próximo. Ele pesava 1 quilo e meio, estava coberto de excremento ressecado e tinha pouco pelo. O exame do veterinário constatou que ele estava todo infectado. Ele não tinha um único dente saudável e o hálito era fétido.

Os dias passaram e ninguém foi procurá-lo. Ninguém sentia falta dele. Sem dúvida, alguém o havia abandonado. Sendo eu mesma fiscal do setor de controle animal, testemunhei muitos horrores associados ao abuso de cães e gatos. Quando vi esse cachorro no abrigo, concluí imediatamente que ele fora descartado por uma "fábrica de cachorros". Ele era um *chihuahua* mestiço, de pelagem longa, devia ter 13 ou 14 anos, e se prestara ao objetivo de procriar o maior número de filhotes possível. Quando o conheci, ele estava muito doente e fazia quatro dias que não comia.

Os voluntários do abrigo o chamavam UgMug, talvez porque a vida lhe havia roubado sua beleza. Quando o levaram para o pátio gramado, observei como ele procurava se aprumar, aparentemente sem saber que estava morrendo. Decidi no mesmo instante adotar e criar esse pequeno e fazer o melhor possível para lhe dar o que ele realmente precisava, uma oportunidade para viver.

Uma série de pequenos eventos que acabaram por salvar a vida do cachorrinho levou-me a chamá-lo de Mr. Handsome[6]. Já em casa, eu lhe dava comida na boca sempre que achava que poderia interessá-lo pela mais ínfima porção de alimento. Mas a boca estava tão infeccionada que ele não conseguia comer. Três dias depois, ele começou a piorar e eu o levei às pressas ao pronto-socorro veterinário. Entrei no consultório e a primeira coisa que a veterinária disse foi:

– Posso sentir o cheiro de infecção daqui. – Nem bem comecei a contar a história dele quando ela perguntou se podia adotá-lo, dizendo que ela e seu companheiro cuidariam dos dentes dele em troca da adoção.

Fiquei aflita porque já havia me apaixonado pelo garotinho. Mas eu sabia também que, se fosse para ele receber a ajuda de que precisava, a cirurgia que poderia salvar sua vida, eu concordaria em deixá-lo. E foi o que fiz.

Os arranjos foram feitos e logo Mr. Handsome era um residente no consultório da veterinária. Em poucos dias, ele foi submetido à cirurgia. Todos os dentes foram extraídos, com exceção dos caninos inferiores, e ele foi castrado. Ele iria passar as três semanas seguintes recuperando-se das atribulações sofridas, e todos ficamos com os dedos cruzados para que ele sobrevivesse.

Eu telefonava com frequência para saber de sua evolução. Embora soubesse que ele estava em boas mãos, meu coração ainda estava preso ao pequeno. Talvez por sorte, ou destino, três semanas mais tarde, a veterinária me comunicou que não poderia ficar com Mr. Handsome, pois ele exigia mais tempo e atenção do que ela podia lhe dispensar. Ela me perguntou se eu o queria de volta. Fiquei feliz.

Agora que ele estava comigo, o desafio era ajudá-lo a comer. Seu espírito queria, mas suas gengivas estavam machucadas. Todos os dias e noites, eu sentava no chão e lhe oferecia coisas diferentes, buscando o

---

[6] Sr. Bonitão, numa tradução livre. (N. da E.)

que mais lhe agradava. A prateleira guardava uma dúzia de latas abertas e saquinhos de diferentes alimentos para cães, pedaços de frango assado e pequenas porções de bife. Eu cozinhava, picava, misturava e amassava tudo numa tentativa desesperada de alimentá-lo. Normalmente, ele provava uma colherinha e se afastava. Mas, um dia, tudo mudou.

Eu comia meu bolo matinal, um bolo leve preparado com manteiga e rum, para ser exata, quando Mr. Handsome demonstrou grande interesse pelo que eu colocava na boca. Daquele dia em diante, ele começou a comer e a se recuperar.

Mr. Handsome

Bangor Humane Society
bangorhumane.org

Seus pratos preferidos hoje são bolo de manteiga, frango assado e lombinho de porco. Ele já ganhou 1 quilo e 200 gramas, as gengivas estão refeitas e o pelo voltou a crescer. Ele retribui o meu amor e compaixão com lambidinhas e uma cauda de espanador que não para de abanar quando ele me cumprimenta.

Mr. Handsome suportou negligência e abusos diários. Ele deve ter sofrido muito com tantos dentes infectados. Essa foi sua vida durante treze ou quatorze anos, quase toda ela. Eu sei que Deus tocou a minha vida através desse pequeno cão, criando um vínculo entre nós, uma intervenção divina para curar um corpo minúsculo com uma bela alma. Sou agradecida por isso.

Aprendi muito com Mr. Handsome. Ele me lembra da maldade presente em alguns e da bondade presente em outros. Ele me mostra que a crueldade pode destruir o corpo, mas não a alma. Ele me ensina que, quando a vida parece difícil e o sofrimento maior do que penso que posso suportar, se eu acreditar na vida e no que mereço dela, se eu perseverar abanando a minha cauda, tudo terminará bem.

"A aversão a mim mesma desapareceu"

Nancy Kaiser

Minha relação de 29 anos com meu marido estava terminada. A minha alma gêmea, um labrador *retriever* amarelo chamado Shadow, havia morrido cinco meses antes. E agora eu estava sentada no chão do consultório do veterinário, chorando e acariciando a cabeça do irmão dele, Licorice, arrasada com outro adeus doloroso.

Eu estava aprendendo a viver sem marido, mas sabia que não conseguiria sobreviver sem labradores que cuidassem de mim. Pouco depois da morte de Licorice, Hana e Saba entraram na minha vida quando eu mais precisava de amor e apoio.

Os filhotes vieram de um criador em Bedford, Virgínia, e eram alegria pura. No período de uma semana da chegada deles, porém, apresentei sintomas de gripe e fiquei muito doente. Cuidar dos filhotes e ensiná-los a fazer suas necessidades no lugar certo ficou muito mais difícil, especialmente com as chuvas de verão da Carolina do Norte.

Hana aprendeu rápido suas obrigações externas. Saba, a criança-problema, adorava água, mas odiava chuva. Doente como um cão (sem querer fazer trocadilho), eu tinha de ficar lá, com o teimoso Saba a meu lado, debaixo do guarda-chuva. Esperar que ele terminasse o que estava fazendo exigia força e paciência, duas qualidades que a minha saúde ruim levara embora.

Uma tarde, depois de ficar na chuva por muito tempo, perdi a paciência e explodi de raiva. Peguei Saba no colo, gritei com ele e o levei para dentro. Ele ficou me olhando com olhos adoráveis, questionando minha explosão intempestiva. No mesmo instante, senti um remorso profundo e uma grande vergonha. A culpa tomou conta de mim. Simplesmente, não havia desculpa para perder a calma com ele. E, com 10 semanas de idade, Saba era jovem demais para compreender. Embora minha raiva não resolvida por meu ex-marido contribuísse para esse descontrole emocional, simplesmente não havia justificativa para o meu ato destemperado.

Hana e Saba

Noah's Wish
noahswish.org

Uma hora mais tarde, ainda recriminando a mim mesma, o pequeno, doce Saba se aproximou e deitou no meu pé. Seu toque suave e seu gesto generoso de perdão desencadearam um processo catártico. Essa pequena criatura, que perdoou meu destempero com tanta rapidez, derreteu meu coração. A atitude de Saba me libertou para perdoar a mim mesma por minha explosão e removeu a mortalha de negatividade que me envolvia. Minha incapacidade de perdoar, persistente havia dois anos, dissipou-se com aquele ato de amor incondicional.

Quando fiquei mais forte e saudável, os treinamentos se tornaram mais fáceis e divertidos. Muito mais aprendi dos pequenos labradores do que lhes ensinei. Hana e Saba estavam aprendendo ordens simples, como sentar, parar, deitar, vir. Enquanto aprendiam a não fazer xixi dentro de casa, eu aprendi a confiar novamente, a amar incondicionalmente e, a lição mais difícil para mim, a perdoar e esquecer o passado.

A felicidade, a exuberância alegre e a natureza afetuosa de Saba e de Hana ofereceram lições preciosas para a mulher que subestimara essas qualidades inocentes havia muito tempo. Por causa deles, a aversão a mim mesma desapareceu. Sinto que mereço ser amada, que sou capaz de dar amor sem medo de ser magoada; perdoei meu ex e, mais importante de tudo, agora amo a mim mesma.

Os animais vivem plenamente o momento; eles deixam o passado para trás; não o arrastam consigo aonde quer que vão. Essa é uma das maiores lições que oferecem aos seres humanos. O universo enviou Hana e Saba para que me ensinassem o verdadeiro perdão. Os dois são professores e mestres, como o são todos os nossos animaizinhos de estimação.

"Um episódio assustador e inesperado"

Katherine Haloburdo

É sempre um dia de orgulho para o meu *cocker spaniel-poodle* preto, Quincy, quando visitamos a turma de educação especial em nossa escola primária local. Recém-saído do banho e escovado, Quincy fica elegante com seus caracóis negros brilhantes e coleira vermelha. Suas patas gordinhas se levantam com determinação e seu andar empertigado se transforma em trote. Ele passa feliz pelas salas de aula em direção à porta que conhece como sua.

Quincy entra na sala com os lados da boca para cima, esboçando um sorriso, sua cauda nodosa abanando de satisfação. Os alunos o esperam, sentados num círculo fechado com os professores. As oito crianças têm necessidades especiais, com problemas físicos e mentais graves. Todas estão ansiosas por tocar, cheirar, abraçar e beijar o puro amor chamado Quincy.

Ele anda pela sala, deixando que cada criança lhe dê bom-dia a sua maneira peculiar. Sarah balança para a esquerda, depois para a direita. Os suspensórios lhe dificultam ficar de pé, mas ela consegue, para alegria de todos. Com a linguagem dos sinais, ela pede a Quincy que role, e ele rola. Tony é autista, e, quando sorri, ilumina a sala. Ele sempre pede a Quincy que faça um "toque aqui", e consegue. Jake, que durante o nosso primeiro ano e meio de visitas sempre se sentou no fundo da sala, agora se integrou ao círculo e pede a Quincy que demonstre algumas de suas habilidades. A resposta sempre provoca risos desse grupo muito especial de meninas e meninos.

Talvez você não esperasse esse comportamento se conhecesse a história de Quincy. Ele foi recolhido de uma casa depois que vizinhos se queixaram do excesso de latidos. Ele ficava confinado num caixote 24 horas por dia, apertado, malnutrido, abandonado. Ele foi levado para um abrigo local em Lancaster, Pensilvânia, e foi lá que nos encontramos.

Percebi quase de imediato que, apesar de um início horrível, ele transpirava alegria e amor, e era extraordinário. Eu o levei a vários cursos, para aprender boas maneiras e depois para ser habilitado como cão terapeuta.

Um dia, quando visitávamos nossa turma especial, Quincy foi posto à prova e desafiado. Como de hábito, ele caminhou à volta do círculo, saudando todas as crianças. Antes de chegar a uma delas, ele parou, olhou para mim e não quis continuar. Essa não era uma atitude própria dele; ele nunca agira dessa forma. Resolvi não forçar a situação. Lentamente, Quincy se aproximou do menino, mas logo se afastou e soltou um latido curto, gutural. Ele nunca havia latido numa sala de aula até então. Um momento depois, ele retomou a caminhada, e o menino estendeu o braço para tocá-lo. E então, inesperadamente, o menino teve uma crise, e a mão que se estendera para tocar Quincy agora agarrava sua orelha peluda, puxando-a descontroladamente. Os professores tentaram abrir a mão, mas não conseguiram.

Quincy olhou para mim, como pedindo socorro. A única coisa que consegui dizer foi:

– Está tudo bem, já vai passar.

A convulsão continuou pelo que pareceu durar uma hora; na realidade, não passou de um minuto. Naquele minuto, Quincy se manteve o mais calmo que pôde, seus olhos me dizendo que ele compreendia que o menino não tinha intenção de machucá-lo. Ele não atacou, não reagiu, simplesmente deixou que a crise seguisse seu curso e confiou que o pequeno punho cerrado se soltasse.

Quando o menino abriu o punho, Quincy fez algo que me impressionou. Ele sentou sobre as patas traseiras, colocou as dianteiras sobre os joelhos do menino, ergueu-se e lambeu seu rosto.

Katie e Quincy

Puppies Behind Bars
puppiesbehindbars.com

Na volta para casa aquele dia, Quincy adormeceu no banco do passageiro, roncando durante todo o trajeto. Eu acariciei sua orelha peluda e agradeci sua coragem, tolerância, confiança e compaixão pelo menino que sofre crises constantes. Enalteci sua disposição de ficar firme e não fugir. E agradeci sua confiança em mim, de que tudo acabaria bem.

Sempre que preciso lembrar o que significa ser gente, é aquela tarde que me vem à mente. Imagino que, se todos tivéssemos a tolerância e a capacidade de perdoar de Quincy, sorriríamos mais, confiaríamos mais, perdoaríamos mais e, acima de tudo, amaríamos mais.

"Ela perdoou toda a nossa espécie pelos pecados de um"

Vivian Jamieson

Minha vida gira em torno dos animais. Não se trata de uma escolha consciente, apenas do modo como vim ao planeta. Na tenra idade de 5 anos, comecei um clube equestre com meus amigos. Durante anos, comemos, dormimos e respiramos tudo o que estava ligado ao mundo dos cavalos. Nada de estranho nisso, a não ser o fato de que, crescendo nos confins do norte do Canadá, nunca havíamos realmente visto um cavalo vivo.

Hoje sou veterinária especializada em oftalmologia, defensora apaixonada da vida selvagem e "mãe" de três cães adoráveis. Os animais integram cada aspecto de tudo o que faço. A graça de sua companhia constante influencia minha atitude para com a vida. Não se incomode com ninharias, perdoe e esqueça, e, quando tiver oportunidade, coma sempre – todas lições valiosas respigadas de meus amigos peludos. Mas houve um paciente querido que me ensinou a maior de todas as lições, uma lição que influenciou profundamente a pessoa que sou hoje. Permita-me contar a história de Phoenix.

Eu estava terminando as minhas consultas da semana numa filial de consultório veterinário em Myrtle Beach, Carolina do Sul, quando o veterinário da clínica de emergência me pediu que examinasse os olhos de um cachorro que dera entrada na noite anterior. Senti que não se tratava de uma consulta de rotina, mas nada em meus 25 anos de exercício da medicina veterinária podia ter-me preparado para o que me esperava na sala ao lado, uma visão de dilacerar o coração.

O cheiro forte de carne queimada agrediu minhas narinas antes mesmo que eu chegasse ao corredor dessa sala. Tapei instintivamente o nariz. Depois de conduzida até a gaiola apropriada, o cheiro aumentando à medida que me aproximava, ajoelhei-me e olhei através das grades. No canto dos fundos, mal respirando, estava uma bola parcialmente queimada, envolta numa peça de plástico cirúrgico.

Abri a porta da gaiola devagar para não perturbar. A pobre criatura, muito fraca, levantou ligeiramente a cabeça em minha direção. Estremeci ao ver a face desfigurada. Isso podia ser um cachorro? Dois olhos se projetavam como enormes faróis num chassi de pele queimada, porque não havia pálpebras para cobri-los.

– É melhor se ela sair por conta própria – disse Sue Anne, a técnica veterinária.

– Venha, querida, não vamos machucá-la – ela sussurrou.

Pondo-se dolorosamente de pé, a coitadinha saiu mancando da gaiola. Só então percebi que 75 por cento do corpo estava com queimaduras de 2º e 3º graus.

– O que aconteceu? – perguntei a Sue Anne, sabendo que somente uma casa incendiada ou a explosão de um carro poderia produzir lesões tão devastadoras. Temi pelos donos desse pobre cachorro. Um toque na minha perna direita me fez olhar para baixo. Apesar da dor evidente, a cachorrinha queimada conseguira se aproximar e me tocar com a ponta em carne viva do nariz. Reforçando sua necessidade de afeto, o rabinho tostado deu sinal de querer abanar.

Abaixei-me para afagá-la, mas me contive quando percebi que cada porção de seu corpo estava queimada e dolorida. Não havia um ponto sequer onde se pudesse encostar uma mão confortadora. Meu coração sangrou.

– É uma *pit bull* de 8 meses. A noite passada, seu dono de 13 anos resolveu jogar gasolina nela e atear fogo – disse Sue Anne com asco. – Os vizinhos o viram fazer isso e correram para salvar o cachorro, mas... – A voz da jovem sumiu, vencida pela emoção. – Acho que vai ser difícil salvá-la.

Senti outro toque em minha perna, pois o filhote desfigurado insistia em chamar a minha atenção. Ajoelhando, toquei a ponta do nariz dela, a única coisa que me ocorreu fazer. Ela se achegou a mim, tremendo cada vez que seu rabo lesado abanava. Ela não conseguiu conter sua alegria pelo ato afetuoso, talvez a primeira afeição real de sua curta vida.

– Nunca é tarde demais para tentar – eu disse, enxugando as lágrimas que se acumulavam no canto de meus olhos. De súbito, fiquei tomada da determinação de vencer a luta pela vida desse amável cachorro. – Vamos começar com uma lubrificação desses olhos.

Aquela noite, na volta para a clínica matriz em Charleston, o amoroso cachorrinho ocupou meus pensamentos. Estávamos realmente fazendo a coisa certa ao prolongar seu sofrimento, quando as possibilidades de sobrevivência eram remotas e o período de recuperação dolorosamente longo? Talvez devêssemos poupar-lhe todo esse sofrimento. Agradeci o fato de termos na medicina veterinária a opção para uma tragédia como essa. Mas não havia como negar o espírito da *pit bull*. Ela queria viver. Podia-se sentir essa vontade, desde que se olhasse além de suas horríveis lesões e em seus olhos confiantes. No momento, talvez devêssemos vencer um dia de cada vez.

E o que dizer do garoto que havia tentado matar seu próprio cãozinho? Eu não podia imaginar o que havia acontecido em sua jovem vida para produzir tamanha violência. Suas ações cruéis com algo tão indefeso representavam o pior da raça humana. O que nós humanos havíamos criado nesse menino, e o que se deveria fazer com tanta crueldade? E, todavia, a *pit bull*, quando traída tão maldosamente por seu dono humano, reagiu com a fé serena de que humanos diferentes não a maltratariam, mas, antes, ajudariam a aliviar seu sofrimento. Ela não nos colocou todos dentro do mesmo saco, mas de algum modo acreditou que havia bondade e compaixão em outros. Ela perdoou toda a nossa espécie pelos pecados de um, não deixando que tamanha crueldade substituísse sua confiança alegre por medo ou retaliação.

Phoenix, como nossa amiga desfigurada veio a ser conhecida, foi logo transferida para nossa clínica especializada em Charleston, onde uma equipe de veterinários, técnicos e outros voluntários começou a árdua tarefa de reconstituí-la, pedaço a pedaço. Seguiram-se meses de cirurgias para implante de pele, e de fisioterapia. Foram necessárias cinco horas de delicada cirurgia dos olhos para refazer suas pálpebras e assim salvar sua visão.

Ao longo dos meses de dolorosa recuperação, o espírito paciente e amoroso de Phoenix nunca esmoreceu. Com o tempo, todos nos apaixonamos por ela. No fim, quando podíamos suportar o momento de nos separarmos dela, uma família carinhosa a adotou, para que ela pudesse usufruir a vida em casa – brincar à vontade no quintal, dormir aos pés de uma cama e pedir migalhas da mesa. A última vez que a vi, embora ela ainda estivesse usando uma camiseta para proteger do sol sua pele sensível e sem pelos, Phoenix estava muito bem e brincando como nunca.

Quanto ao agressor, o jovem delinquente foi preso por perpetrar atos cruéis contra animais e foi condenado a vários anos de reclusão numa instituição penal para menores de idade. Espero que ele esteja recebendo a ajuda de que precisa desesperadamente. Arrisco-me a dizer que Phoenix gostaria que fosse assim.

Desde aquele dia fatídico em que olhei nos olhos de um filhote gravemente queimado e vi amor onde devia haver repugnância, ou no mínimo medo, não fui mais a mesma. Quando a minha mente se anuvia com rancores insignificantes ou lamúrias menores, ou quando as lutas da vida querem me abater, só preciso pensar em Phoenix, e em sua atitude clemente e generosa, para redirecionar meus passos de volta ao caminho justo. Essa cadela especial me ensinou que, com tanta alegria no mundo, é uma vergonha perder tempo com qualquer outra coisa.

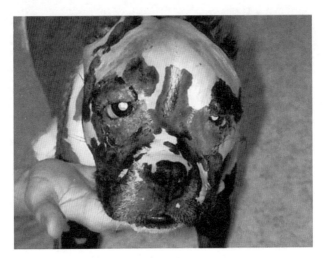

Phoenix

Vision for Animals Foundation
visionforanimals.org

ChickPea e CousCous

Posfácio

Durante os últimos dezesseis anos, constituí minha família com um homem e dois cães. É uma família cheia de amor, de risos e de alegria. Esses têm sido os melhores anos de minha vida.

No dia em que assinei o contrato para escrever este livro, pedi às minhas garotas, CousCous e ChickPea, que o escrevessem comigo. Eu sabia que era um pedido difícil. As duas já eram velhinhas e sentiam o peso da idade. Cous mal conseguia andar e Chick tinha crises cada vez mais frequentes. O nosso tempo era limitado, mas eu sabia que elas persistiriam se tivessem condições.

Um dia após o término deste livro, no que só posso descrever como um ponto de exclamação divino, a minha querida ChickPea foi transportada num feixe de luz para um lugar só de alegrias, depois de morrer de um suspeito tumor cerebral.

Eu gostaria de contar a história de Chick, pois é possível que ela tenha me ensinado a mais importante das lições.

Era pouco antes do Natal de 2001, e eu tive a forte sensação de que alguém na Dogs' Refuge Home (onde eu trabalhava como voluntária) precisava de mim. Fui para lá e perguntei se havia algum cachorro com problemas mais sérios. A resposta foi negativa. Então me despedi, cruzei o portão e segui em direção ao carro. Correndo atrás de mim, uma das funcionárias gritou:

– Temos! Temos uma cachorrinha muito doente, a ponto de não poder ser adotada. Um dos olhos precisa ser tirado. Ainda não conseguimos o dinheiro para a cirurgia.

– É essa que vim ver – eu disse. – Mostre-me o caminho.

Acompanhei a jovem até uma seção escura, de canis de quarentena ocultos aos visitantes. Quando ela abriu a porta de um dos canis, com andar indolente, apresentou-se Lizzy, uma *shih tzu* enorme, com o pelo todo emaranhado. Quando ela olhou para mim, percebi que um dos olhos mal deixava entrever o branco. A córnea estava perdida em algum lugar debaixo da pálpebra inferior. Não pude deixar de rir. Naquele momento, naquele canil escuro, foi como se o sol tivesse irrompido num dia todo nublado. Eu a apanhei do chão e a limpei rapidamente, prometendo amá-la e adotá-la.

Ela era tão imperfeita, mas era perfeita – para mim. Entrei em casa com a minha nova trouxinha e a coloquei na frente de meu marido. Ele olhou para o caos de pelos que olhava para ele com um olho hesitante e disse resolutamente:

– Esse é o cachorro mais feio que já vi na minha vida. Não quero esse bicho na minha casa, Jenny!

– Nós vamos adotá-la – eu disse. – Ela está doente; vamos ajudá-la com a cirurgia do olho.

– Não vamos ficar com esse cachorro, Jenny... – Suas palavras me seguiram enquanto eu me afastava.

CousCous, minha querida e doce maltês-pomerânia, ecoava os pensamentos de Jon com os olhos. Ela toleraria esse cachorro, mas apenas temporariamente.

Lizzy, que logo passei a chamar de ChickPea, sofria de duas infecções nos olhos, de infecção urinária, de doença de pele, de ácaros na orelha e de duas pernas dianteiras deformadas e estranhamente retorcidas. Por não terem sido aparadas, as unhas haviam crescido em forma circular e o pelo estava todo emaranhado. Ela era um caos – o meu caos.

Eu lhe dei antibióticos e lhe passei porções generosas de unguentos e cremes, determinada a restituir-lhe uma boa saúde. Houve muitas idas ao veterinário e ao veterinário oftalmologista. As infecções cederam e o olho lesado foi extraído. Ela não gostou disso. Ela se sentava no jardim, olhando ansiosa para ir para a rua. Na hora de comer, brigava com Cous-Cous por causa da comida. Eu pouco sabia a respeito dela, mas o suficiente para perceber que não era agradecida pelo resgate. Por mais amor que eu lhe dedicasse, ela não retribuía. Se eu sentava no sofá e começava a acariciá-la, ela pulava e se afastava. O único lugar onde ela parecia encontrar sossego era aos pés de Jon.

Com ChickPea recuperada, levei as duas ao tosador. Cada uma delas recebeu uma tosa a rigor e ambas saíram parecendo irmãs da mesma ninhada. Jon não podia acreditar!

– Você a transformou, Jenny! Incrível – ele disse. Pensei, imediatamente, comigo mesma: "Ela foi aceita!" Mas o comportamento dele logo passou de marido apaixonado a pai disciplinador.

– Termine com isso, Jenny. Termine com isso.

– Do que você está falando? – perguntei.

– Você disse que ela era adotiva. É hora de devolvê-la.

– Mas ela gosta daqui – eu disse.

Jon abarcou a sala com os braços. Meus olhos acompanharam, terminando nas portas francesas que davam para a baía repleta de veleiros.

– Quem não gostaria daqui? – exclamou.

– Tudo bem. Vou telefonar para o abrigo hoje. Ela está pronta para adoção.

Na saída para participar de um retiro de um dia, dei uma olhada na sala de TV. Jon estava no sofá, tendo ao lado duas cachorrinhas brancas peludas. Uma das mãos pousava sobre ChickPea, acariciando-a suavemente.

Voltei tarde aquele dia e fui recebida pelas duas junto à porta. ChickPea tinha uma fita em torno do pescoço.

– Então, ela conseguiu um lar? – perguntei.

– Sim, conseguiu – ele rosnou. – Ligue para aquele abrigo de cães e diga-lhes que parem de telefonar para cá!

Tudo indica que, ao longo do dia, o abrigo havia telefonado três vezes, dizendo que estava interessado na *shih tzu* zarolha. Jon caiu em si e decidiu que ela devia ficar onde estava.

Os dias se tornaram meses. Observamos que, quanto mais ChickPea melhorava, mais divertida ficava. Ela era uma comediante. Seu trabalho era entreter-nos. Ela sentia grande prazer em nos fazer rir. Começamos com ela a brincadeira "Vou te pegar". Eu dizia, "Vou te pegar"; ela erguia a cabeça, sorria e disparava, correndo entre sofás e cadeiras, de sala em sala, enquanto eu corria atrás dela, muitas vezes batendo num móvel, gritando e depois voltando à brincadeira. Não havia dificuldades no mundo dela – ela encarava a situação como esta se apresentava e optava por aproveitar tudo o que ela oferecia.

Jon preferia fazer suas caminhadas matinais com ChickPea. E, quando ele visitava o pai à tarde, levava ChickPea consigo. Uma rápida ida à cidade – ChickPea. Os dois haviam se encontrado. Ela era como Jon. Ela amava com cautela. Não dava a pata nem lambia afavelmente. Em vez disso, era um verdadeiro agrado quando subia no sofá e resolvia sentar-se perto de nós, e não na outra extremidade.

Por mais que procurássemos curar o corpo de ChickPea, seus problemas de saúde continuavam. Havia operações oftalmológicas, aplicações diárias de colírio e visitas mensais ao oftalmologista, para salvar o olho que restava. Havia problemas crônicos do trato urinário, problemas de pele e injeções mensais de antibióticos para tratar as infecções intermináveis que proliferavam dentro dela. Ela continuava lutando sem se queixar.

Nos dias bons, ela ficava com Jon. Quando não se sentia bem, ficava comigo.

Com os anos, ela deixou de ouvir e passou a ver com dificuldade com o olho que restava, como se visse um vulto em movimento em meio à névoa densa. Ela enfrentava tudo com disposição, deliciando-se com passeios no conversível, corridas na praia, onde a areia lhe prometia liberdade, e uma ou duas colheres de sorvete de baunilha à noite. Mas, mais do que tudo, ela amava CousCous, de quem dependia para ver e ouvir e a quem realmente adorava.

Naquele último dia, Jon a segurou nos braços. Para o veterinário que veio à nossa casa, éramos todos muito corajosos. Depois, quando nos apertamos junto à nossa bela menina zarolha, CousCous encostou a cabecinha na de ChickPea, e todos soltamos um suspiro conjunto de perda.

– A nossa menina se foi, Jenny – lamentou Jon. – Ela me ensinou mais sobre a vida do que qualquer pessoa.

Quatorze dias depois, CousCous adoeceu gravemente. Eu comuniquei ao meu marido que estava a caminho do veterinário. Quando falei com ele novamente, uma hora mais tarde, eu a segurava nos braços. Ele perguntou como ela estava.

– Ela se foi – solucei. – O nosso bebê se foi.

Jon soltou um grito que soou no outro lado do mundo. E, enquanto eu segurava a minha menina e chorava ao telefone com meu marido, tudo ficou claro. Ele se sentia do mesmo jeito que eu me sentia. Não era apenas eu. Ele também se sentia assim. Elas eram nossas filhas, nossa família e nossos presentes. Por causa delas, éramos pessoas melhores.

Aprendi muito sobre a vida com professores inesperados. Jon me ensinou sobre humanidade. De CousCous, aprendi a ser alegre. E ChickPea, o leão em minha Oz, me ensinou sobre coragem. Ela me mostrou como viver a vida apesar de meu passado, e me deixou com um lema que devo a ela: mesmo em meio a muita coisa errada, você ainda pode apreciar o que é certo.

Que as lições que você aprendeu neste livro lhe sirvam de guia pelos caminhos da vida e sempre o lembrem da dimensão divina dos cães.

Agradecimentos

A batida de meu coração pulsou com Clara, Sally, Fluffy (o gato que se comportava como cachorro), Petey, Clemmie, Whitney, Paget, Mary, Philophal, NickDingo, Sadie, Gigi, Emily, Locumia, Frodo Frog, Honey, CousCous e ChickPea. Meu amor por essas almas excede as palavras.

O meu Sol brilha quando estou em contato com animais e com pessoas que se dedicam a ajudá-los. Sou grata a todos os que resgatam e cujo coração transborda de empatia por outros. No meu dia a dia, envolvi-me com organizações cujos membros se tornaram uma família. Eu amo essa família e admiro e respeito todos os seus guerreiros.

Tenho paz no meu íntimo por causa de minha irmã Kate, que tem sido um farol de luz em toda minha vida. Sua compaixão é contagiante e sua dedicação aos que não podem falar é admirável. Ela é minha heroína. Também agradeço a minha mãe e a meu pai por me ensinarem, pelo exemplo, o amor a todas as almas.

Não sei que palavras usar para agradecer a minha agente literária, Susan Raihofer, e sua inabalável confiança em minhas capacidades. Não temos uma única reunião que não seja preenchida com muito riso e alegria. Sou abençoada por tê-la como minha representante, e sou agradecida ao falecido Abner Stein, que, com precisão milimétrica, juntou nossas mãos. A editora Sarah Durand, da Atria Books, divisão da Simon & Schuster, lutou pelo direito de trabalhar neste livro. Eu adoro isso e sua presença serena em meu trabalho. Jess Loo contribuiu com muitos risos, cães adotivos e conhecimento técnico durante esse processo. Ela também me consolou quando eu chorava. Eu te amo, Jess.

Deposito uma esperança incessante na humanidade, por causa das pessoas que tenho a sorte de chamar de amigas. Eu sei quem vocês são! Agradeço todo o amor e o apoio de vocês.

Se uma tormenta brame dentro de mim, ela se deve ao fato de que precisamos lutar contra a cobiça ilimitada, que motiva alguns a abusar dos animais e a explorá-los. A menos que unamos forças contra as fábricas de filhotes, nosso trabalho jamais terminará. Quando você compra um cachorro e não consegue ver fisicamente sua procedência, ou encontrar os pais dele, é muito possível que você esteja pagando para que alguém abuse de outro cachorro. Engaiolados como frangos de granja, e muitas vezes doentes, mal cuidados e mal alimentados, esses cães são escondidos intencionalmente para que as pessoas não vejam como são tratados. A não ser que reivindiquemos leis que acabem com as fábricas de filhotes e deixemos de comprar cães que delas procedem, os abusos horrendos continuarão. Por favor, junte-se ao esforço de quebrar o ciclo. Agradeço a todos os que já estão fazendo sua parte, e me solidarizo com o sofrimento de vocês.

Os presentes que tenho recebido são muitos e incluem os colaboradores que fazem parte deste livro. Sou agradecida a todos por contarem suas histórias pessoais e me acompanharem nesta jornada.

A canção em meu coração é inspirada por cada cachorro que tive o privilégio de conhecer. Obrigada, meus amigos divinos, por me mostrarem o caminho.

Índice dos colaboradores

Ashton, Jeremy
Axmacher, Vivian
Baker, Robert
Bandy, Connie
Black, Penelope
Block, Jenny
Boies, Deborah
Boisvert, Camille
Bowen, Jeanne
Bradshaw, Carol
Browne, Amy
Carlino, Stephanie
Corneer, Gary
Cutten, Joyce
Denis, Alyssa
Denton, Lorri
Duncum, Maureen
Elia, Cheryl
Fadden, Amanda
Fagan, Jayne
Gagnon, Lisa
Gaitan, Lenora
Genovese, Dion
Gosselin, Jeffrey

Gutzmann, Renee
Haloburdo, Katherine
Harrie, Deborah
Hartzler, Susan
Hendricks, Stephenie
Hoffman, Lori
Holmes, David
Jamieson, Vivian
Kaiser, Nancy
Klingaman, Patrick
Kugelman, Alice
Lander, Debbie
Lemme, Dorothy
Lilly, Susan
Lockhart, Beth
MacLeod, Lisa
Martin, Shannon
McCafferty, Carol
McNabb, Glenwood
Moore, Kay
Murray, Sharon
Myers, Donna
Neslage, Kay
Newman-Gehrum, Michele

Nicholson-Fisher, Sally
Nobil, Lynn
Noomen, Saskia
Parr, Shirley
Peterkin, Joy
Pollard, Theresa
Powell, Freda
Pugh, Linda
Schroeder, Linda
Skakle, Bruce
Smith, Diane
Smothers, Elaine
Sullivan, Tom
Talbot, Karen
Tardiff, Judie Noonan
Thompson, Dee
Thornsley, Scott
Tyma, Marilyn
Wardrum, Gloria
Warsing, Jennifer
Wells, Troy
Whitfield, Deana
Wood, Steve

Créditos fotográficos

Em ordem de aparecimento: William Skiff, Darwin Ender do Darwin Ender's Photography, Camille Boisvert, Harry Bandy, Andy Buckley, Jeanne Bowen, Jennifer Skiff, Glen Bradburry, Deb Lander, Beth Lockhart, Jeff Gosselin, Michael Thompson, Susan Hartzler, Jennifer Skiff, Susan Lilly, Jessica Clark, Judie Tardiff, Debi Boies, Doug Bauman, Glenwood McNabb, Bruce Skakle, Jennifer Skiff, Patty Howe, Lauretta R. Allen, Robert P. Baker, Marilyn Tyma, Carol Bradshaw, Kathy Klingaman, Ann Forrest, DeVeau Sleeper, Jennifer Skiff, Eduardo Gaitan, Andy Keye do Whitney Photography, Michele Newman-Gehrum, Cheryl Denis, Dorothy Lemme, Avery Gagnon, Matthew Talbot, Sandra Church, Deana Whitfield, Jennifer Skiff, Stefan Gahlin, Sheri Soltes, Tonya Werner, Jim Fernald, Steve Parr, Linda Schroeder, Troy Wells, Tom Sullivan, Elaine Smothers, Jane Caruso-Dahms da Contemporary Concepts Photography, Linda Pugh, Genie Gardipee, Barbara Keyser Grice, Julie Hawkins, Alex Cearns do Houndstooth Studio, Kelly Hendricks, Vivian Axmacher, Nancy A. Kaiser, Robert Grossman, Heidi White, Alex Cearns do Houndstooth Studio.

A autora

Jennifer Skiff é jornalista laureada, produtora de televisão e escritora. Seu *best-seller, Encontros com Deus*, publicado pela Editora Pensamento, foi publicado em sete idiomas.

Durante mais de uma década, Jennifer viajou por todo o mundo trabalhando para a CNN, como repórter ambientalista. Sempre promovendo iniciativas e ações voltadas à preservação e ao bem-estar animal, seus programas são transmitidos pelo Discovery Channel e por redes de comunicação no mundo inteiro. Entre outras homenagens, ela recebeu o prestigiado Environmental Media Award.

Apaixonada por animais e pelo bem-estar deles, Jennifer trabalha com entidades beneficentes em todo o mundo, para levar assistência a animais maltratados e abandonados. Ela integra o conselho diretor da Dogs' Refuge Home na Austrália, e é diretora da SPCAHC e da Pilots N Paws, nos Estados Unidos.

Com seu australiano predileto e seus amados cães, Jennifer vive num eterno verão entre o Maine e a Austrália.

jenniferskiff.com

Procure o acompanhamento musical para este livro, *The Divinity of Dogs: Music to Calm Dogs and the People Who Love Them*, na iTunes e na Amazon. As faixas foram coproduzidas por Jennifer Skiff, com o compositor e pianista George Skaroulis.

Descontado o imposto de renda, a autora doa 25 por cento dos lucros oriundos deste livro para entidades beneficentes de sua escolha, que promovem ações voltadas à proteção e à esterilização de animais.